Walter Nigg

Der Pfarrer von Ars

Walter Nigg

Der Pfarrer von Ars

Mit einem Essay
von Heinrich Spaemann

Herder
Freiburg · Basel · Wien

Umschlagbild: Helmuth Niels Loose

Alle Rechte vorbehalten – Printed in Germany
© Verlag Herder Freiburg im Breisgau 1992
Technische Herstellung: Freiburger Graphische Betriebe 1992
ISBN 3-451-22532-8

Inhalt

Einleitung:

Das Rätsel

Johannes Maria Vianney war schon zu seinen Lebzeiten eine legendäre Gestalt. Er ist dies geworden, ohne vom Geltungsdrang angestachelt gewesen zu sein. Nicht das geringste tat er, um die Anerkennung seiner Zeitgenossen zu erringen. Das Ansehen kam ganz von selbst, er brauchte ihm nicht nachzuhelfen. Seltsamerweise bemerkte er es nicht einmal, bezog die Bekanntheit nie auf seine Person und trank auch keinen Tropfen aus dem die Menschen vergiftenden Ruhmesbecher. Vianney war nicht nur der meistgenannte Pfarrer in Frankreich, sondern sein Name besaß einen Klang weit über die Landesgrenzen hinaus. Sogar in Übersee wußte man von ihm.

Die merkwürdige Anziehungskraft war kein Augenblickserfolg, der eine kurze Zeit hell auflodert und dann ebensorasch erlöscht. Dergleichen geschieht bei vielen, nach wenigen Jahren völlig vergessenen Tagesgrößen. Vianneys Beliebtheit hielt auch nach seinem Tode unvermindert an. Über ihn gibt es eine umfangreiche Literatur. Eine ganze Reihe Biographien wurde über ihn geschrieben, angefangen von Catherine Lassagnes „Petit Mémoire" über die preisgekrönte Arbeit von Francis Trochu „Der heilige Pfarrer von Ars" bis zu der Darstellung von Michel de Saint-Pierre. Einige von ihnen blieben in der bloß pragmatischen Schilderung stecken, andere wiederum reflektierten über die Gestalt. Daniel Pézeril fragt gleich zu Beginn seiner vorzüglichen Darstellung: „Was können wir heute noch anfangen mit diesem kleinen Pfarrer in seinem verlorenen Winkel vor hundertfünfzig Jahren?"[1] Auch Ernst Thrasolt sieht in Vianney „eine Absage an die moderne Zeit, ihren Abfall vom Zentralen zum Peripherischen"[2]. Vianney ist ein Phänomen, das auf den heutigen Menschen wie ein Zitterrochen wirkt: wenn er sich ihm nähert, empfängt er zuerst einen Schlag. Dies hat auch Ida Friederike Görres erfahren: „Immer wieder kommt mir der Pfarrer von Ars in die Quere – dieser störrige Supranaturalist, der alles auf den Kopf stellt, was wir uns so über den Christen in der Welt denken möchten. Dennoch liebe ich auch, und wie sehr! diese steil zum Himmel aufschießenden, erschreckenden Stichflammen, neben denen alle andern wie die Haustiere wirken."[3] Auch Dichter sind ihm stark verpflichtet. Allen voran der stürmische Georges Bernanos, dessen Romane „Unter der Sonne Satans" und „Tagebuch eines Landpfarrers" ohne den Pfarrer von Ars nie entstanden wären. Ebenso erhielt das Dörfchen Ars durch Vianney seine Berühmtheit. Trotz aller Kleinheit wurde es zu Lebzeiten und nach dem Tod dieses Pfarrers zu einem von unzähligen Pilgern besuchten Wallfahrtsort.

Warum gewann Vianney dieses Ansehen? Gewiß nicht wegen seines Äußern. Er war von kleiner Gestalt, ging in einer arg geflickten Soutane einher, trug einen unmöglichen Hut und war in seinem Benehmen von linkischer Unbeholfenheit. Er hatte so gar nichts Imponierendes an sich, weit eher glich er einer kläglichen Figur. In seiner Haltung war er der Gegenpol zu John Henry Newman, dem heiligen Gentleman. Wahrscheinlich haben viele Besucher Vianney zunächst enttäuscht angeblickt und bei sich selbst gedacht: Nein, so bedeutungslos habe ich mir den Pfarrer von Ars nicht vorgestellt. Trotzdem sind sie nicht sofort wieder umgekehrt.

Ja, warum übte Vianney diese unerklärliche Anziehungskraft aus? Wohl aus keinem anderen Grund, als weil er im Ruf eines heiligen Pfarrers stand. Das ist keine selbstverständliche Alltäglichkeit. Gewiß gibt es neben bloß leutseligen und bürgerlich korrekten auch viele gute, eifrige Priester, die in ihrer Gemeinde vorzügliche Arbeit leisten. Aber Pfarrer, die den Duft der Heiligkeit ausströmen, sind doch wohl mit der Laterne zu suchen. Beim Pfarrer von Ars war die Heiligkeits-Atmosphäre wider alle Erwartung deutlich spürbar. Um dieser seltenen Ausnahme willen begehrten die Menschen ihn zu sehen. Sie sind mit diesem Wunsche keinem Irrtum zum Opfer gefallen. Die Überzeugung, der Pfarrer von Ars sei heilig, ist gewiß richtig, nur ist sie nicht ohne weiteres rational zu verstehen. Sie ruft nach einem längeren Nachdenken.

Vianney war ein überaus tugendsamer Mensch. Die Tugend wurde immer mit den Heiligen in Verbindung gebracht, spricht doch die Kirche bei der Heiligsprechung von „heroischer Tugend". Vianney strebte in außerordentlicher Weise nach der Tugend. Die meisten Menschen sind wenig tugendhaft und wissen das sogar selbst. Früher gaben sie dies beschämt zu, und heute prahlen sie damit. Deswegen geraten sie in ein überraschtes Staunen, wenn ein Mensch es auch wirklich ist.

Vollkommenheit ist jedoch etwas anderes als Tugendhaftigkeit, die oft im Bereich der bourgeoisen Anständigkeit verharrt. Wahre Heiligkeit ist tiefer gelagert als bloße Sittsamkeit und fällt aus dem Rahmen. Sie hat es mit der Nähe Gottes zu tun und verbleibt in einer sich dem menschlichen Auge entziehenden Verborgenheit. Die Heiligkeit nimmt zuweilen Formen an, die dem Christen zunächst fremdartig, um nicht zu sagen komisch, ja übertrieben zu sein scheinen. Hat man doch schon kopfschüttelnd ausgerufen: „Die Heiligen sind doch eine kuriose Gesellschaft!"[4] Die Bemerkung war nicht unehrfürchtig gemeint, aber sie zeigt, warum Vianney so schwer zu erfassen ist. Mit seinen allzu langen Haaren und dem altmodischen Regenschirm wirkte er ein wenig lächerlich. Auf den ersten Blick scheint er unbedeutend und uninteressant zu sein. Jedenfalls ist er schwer assimilierbar und kommt dem heutigen Menschen nicht den kleinsten Schritt entgegen. Man muß mehr als eine Hürde überspringen, um seine Heiligkeit auch nur ein wenig zu erahnen.

Der berühmteste Pfarrer von Frankreich, der zudem ein ganz unansehnlicher Mann war, bildet das nicht leicht zu lösende Rätsel. Das Rätselhafte nimmt beim Pfarrer von Ars bedrängenden Charakter an. Es legt sich dem Menschen auf die Seele. Unmöglich kann seine persönliche Unbedeutendheit bei gleichzeitiger charismatischer Begabung übersehen werden. Selbst der einfachste Mensch ist oft innerlich viel komplizierter, als man annimmt. Es kommt einem Vorurteil gleich, anzunehmen, nur Gebildete und studierte Menschen seien seelisch schwierig, weil ihre Intelligenz und ihre Sensibilität häufig quer zueinander stehen. Auch der Mann des Volkes ist viel hintergründiger, als es den Anschein erweckt. Er vermag seine Empfindungen gewöhnlich nur nicht zu formulieren, weil ihm dafür die Worte fehlen. Aber er fühlt sie oft qualvoll. Plötzlich tauchen bei ihm Probleme auf, die er nicht meistert. Er wäre nicht Mensch, wenn es sich anders bei ihm verhalten würde. Bei einem Heiligen, der um die untere Welt Bescheid weiß und mit der oberen verbunden ist, potenziert sich die Schwierigkeit des Verstehens beinahe bis zur Unmöglichkeit.

Die traditionelle Heiligenschilderung ignoriert freilich diese Nöte. Die Hagiographen überpinselten die Heiligen mit Lack, damit sie um so glänzender aussahen. Für den unvoreingenommenen Menschen wirkt die Vergoldung verdächtig und auch langweilig, weil die Gestalten vor allem nach dem gleichen Schnittmuster zu unwahrscheinlich braven Menschen stilisiert wurden. Diese Schilderung widerspricht den wirklichen Erfahrungen des Menschen. Die Heiligenbeschreibung hat wegen ihres geringen Fragemutes und wegen ihrer Unrealistik viel von ihrer Lebendigkeit eingebüßt. Sie ließ den Leser in seinem Denken im Stich. Entfernt man den äußeren Firnis, ergibt sich ein ganz anderes Bild der Heiligen, Menschen mit Ecken, Zacken und sogar Ärgernissen werden sichtbar. In Wirklichkeit sind die Heiligen nicht leicht durchschaubar. Eine erbauliche Sicht wird ihnen niemals gerecht, zumal sie alle Unebenheiten stets durch „die Milch der frommen Denkungsart" verharmlost.

Dazu gesellt sich noch eine weitere Schwierigkeit. Können unheilige Menschen überhaupt die Heiligen wirklich verstehen? Sind sie fähig, deren inneres Bild wahrzunehmen? Warum stellen wir diese Frage nie? Es ist doch beinahe unmöglich, einen Heiligen zu erfassen, dies um so mehr, als sie der gewöhnlichen Gesinnung fremd bleiben. Die Heiligen sprengen durch ihre außergewöhnlichen Taten das Verständnis des Durchschnittsmenschen. Sie sind nicht gewillt, sich unserem begrifflichen Denken unterzuordnen. Ihre Verborgenheit kann auch mit der biographischen Methode nicht erfaßt werden; es ist bei ihnen immer noch ein gewisses Etwas vorhanden, das aller Psychologie und allen Entwicklungs-Analysen spottet. Der Heilige schließt, wie das Wort besagt, ein sakrales Geheimnis in sich, das nach anderen, überrationalen Maßstäben verlangt. Aus diesem Grunde bleibt auch der Pfarrer von Ars ein so schwer zu entzifferndes Rätsel. Bei ihm sind ganze Bereiche ausgeklammert, dafür aber läßt sich viel Verschwiegenes finden. Man schaut nicht so schnell in sein Inneres, dringt man aber tiefer in ihn ein, wirkt seine Person von Mal zu Mal geheimnisvoller. Niemand wird mit ihm ganz fertig. Immer bleibt ein unerklärbarer Rest. Der Wissensdünkel vergeht dabei wie Rauch. Zuletzt wird man bescheiden, weil man die Unfähigkeit fühlt, dem Geheimnis auf die Spur zu kommen.

Beim Pfarrer von Ars steigert sich das Rätsel, weil er im ersten Augenblick so unglaublich einfach zu sein scheint. Neben den Großen der Weltgeschichte gibt es auch die kleinen Gestalten, deren Einfachheit der Mensch ebenfalls nie auf den Grund schaut. In der Tat ist das Schlichte und Einfältige etwas Wunderbares, sonst hätte Christus nicht die geistlich Armen seliggepriesen. An dieser Einfachheit hatte Vianney Anteil. Dies war sein unrühmlicher Ruhm. Von wo man sich ihm auch nähert, stets zeigt sich das Rätsel von einer neuen Seite, und unwillkürlich erinnert man sich der Worte Goethes: „Die Menschen verdrießt's, daß das Wahre so einfach ist", oder biblisch formuliert: „Gott hat den Menschen aufrichtig gemacht; sie aber suchen viele Künste." [5] Für den modernen Menschen gehört das Einfache zum Allerschwersten, und darum begreift er so wenig davon.

Zur Voraussetzung einer Verdeutlichung von Vianneys Rätsel gehört die Erzählung seines Lebenslaufes. Sein Dasein ist voller Merkwürdigkeiten, die dem gesunden Menschenverstand vielfach unbegreiflich sind. „Der Pfarrer von Ars ist doch alles andere als ein Edelmensch-Heiliger. Er ist in Wirklichkeit ein zweiter Simon Stylites – er steht auch auf einer kaum fußbreiten Platte zwischen Himmel und Hölle, ganz und gar vertikal, eine Säule, ein Strich, nur Höhe und Tiefe, keine Spur von Weite!" [6] Beständig stößt der Wunsch zu erklären auf unübersteigbare Mauern. In Vianneys Dasein begegnet man zahlreichen höchst seltsamen Dingen, denen der Leser nicht gewachsen ist. Wer nicht stillschweigend davonschleichen will, muß auf vorgefaßte Meinungen verzichten und bereit sein, eine neue, unbekannte Wirklichkeit zu erleben.

Hintergrund einer Kindheit

Vianney wurde am 8. Mai 1786 in Dardilly geboren, einem Bauerndorf in der Nähe von Lyon. Er war das Kind frommer Bauersleute und hatte fünf Geschwister. Zeitlebens blieb er ein volksverbundener Mensch. Nie hat er sich hochmütig von seinen Leuten getrennt. Der Heilige hatte nichts Aristokratisches oder Elitäres an sich. Ebensowenig trug er ein gelehrtes Wesen zur Schau, das er ohnehin nicht besaß. Von alldem kann bei ihm nicht die Rede sein. Wegen seiner Volksnähe fühlten sich so viele Menschen zu diesem Pfarrer hingezogen. Vianneys bäuerliches Gebaren war ein Vorzug, kein Nachteil, im Verkehr mit den Gemeindegliedern.

Nach dem Geburtsdatum zu schließen, erblickte Vianney noch im alten, heilen Frankreich das Licht der Welt. Zwar gab es nie ein „heiles Frankreich", sowenig wie es je ein „heiliges Rußland" gegeben hat. Das sind romantische Sehnsuchtsträume, die die Austreibung aus dem Paradies übersehen. Die zahlreichen Untaten der verschiedenen Könige, Adeligen und Kleriker im alten Frankreich reden eine andere Sprache. Die Quittung für das rücksichtslose Aussaugen des Volkes erhielt „die älteste Tochter der Kirche" im vulkanähnlichen Ausbruch der Französischen Revolution. Deren richtige Beurteilung ist nicht leicht, will man sich nicht einer simplifizierenden Betrachtungsweise schuldig machen. Das Wort ‚Revolution‘ ist zwiespältiger Natur; es löst bei den einen Schrecken aus und bei den andern Hoffnung auf Freiheit. Jedenfalls ist es ein mit Blut getränktes Wort, das nicht leichtfertig gebraucht werden darf. Die Revolution von 1789 war vielleicht die Revolution für den Menschen, lebt sie doch in dieser legendären Erinnerung weiter. Die elementare Bewegung von 1789 aber kam zu spät, denn ihr Anliegen hätte von den Christen viel früher an die Hand genommen werden sollen. Wegen dieser Unterlassung wurde sie rasch von der zweiten Revolution von 1793 überrollt, die von den Massen und den Ideologen dirigiert wurde. Die zweite Revolution beging die schrecklichen Septembermorde und richtete die Guillotine auf, zu der man schuldige und unschuldige Menschen auf Karren hinführte. Sie löste unter dem Pöbel einen wahren Blutrausch aus, in dem die stolze Aufklärung buchstäblich ertränkt worden ist. Die zweite Revolution wandte sich haßerfüllt gegen das Christentum, das mit blindwütigem Fanatismus ausgerottet werden sollte. Es kam in Frankreich zu einer grausamen Priesterverfolgung und zur Aufhebung aller Klöster. Dem sinnlosen Blutdurst fielen auch die bekannten Karmelitinnen zum Opfer, die in Paris singend das Schafott bestiegen und ihren Tod als Preis für die Weiterexistenz des christlichen Frankreich verstanden.

Von all diesen Vorkommnissen hörte der kleine

Knabe im stillen Dorf Dardilly nichts. Nur eines begriff er gefühlsmäßig: Das Christentum ist eine verfolgte Religion. Diese Erfahrung erlebte er, und sie prägte seine früheste Jugend. Die Revolutionsregierung verabschiedete das Gesetz über den „Zivilstatus der Geistlichkeit", wonach nur Messen in der Öffentlichkeit und von Priestern gelesen werden durften, welche die staatliche Oberhoheit über die Kirche ausdrücklich anerkannt hatten. Diese vereidigten Priester wurden von den Gläubigen jedoch als Verräter betrachtet. Auch die Familie Vianney mied, trotz ihrer Frömmigkeit, fortan den öffentlichen Gottesdienst in Dardilly. Die der Kirche treu gebliebenen Priester verkleideten sich als Handwerker oder Bauern, besuchten die gläubigen Familien in den späten Abendstunden und lasen die Messe in einem Hinterzimmer. Mit elf Jahren legte Johannes Maria Vianney seine erste Beichte ab, und zwar geschah dies während des Besuches eines verfolgten Priesters bei seinen Eltern. Dieser fragte den Knaben, wie alt er sei und seit wann er nicht mehr gebeichtet habe. Der junge Vianney erwiderte, er habe noch nie gebeichtet. Nun forderte der Geistliche ihn auf, dies sofort bei ihm zu tun. Vianney beichtete, und der Geistliche erteilte ihm hierauf zum ersten Male die Absolution. „Ich erinnere mich immer noch daran", bemerkte später Vianney, „es war daheim unter unserer Uhr."[1] Auch die Erstkommunion erlebte er nach einer nur notdürftigen Vorbereitung durch zwei aus dem Kloster vertriebene Nonnen. Er war damals dreizehn Jahre alt. Man begab sich in die Scheune, stellte einen Heuwagen vor das Tor, und um die Feier zu tarnen, schickten sich einige Menschen an, das Heu abzuladen. Der Knabe empfing die Erstkommunion nicht in einer geschmückten Kirche. Schwer zu sagen, was ein Kinderherz empfindet bei einem solchen Fest, das äußerlich so sehr aus dem Rahmen fiel. Das ungewöhnliche Vorgehen schnitt eine Kerbe in das jugendliche Gemüt. Es gab dem Knaben das Gefühl, das Christentum verlange Heroismus vom Menschen und bestehe jedenfalls nicht in einer lauen Gemütlichkeit. Die Verfolgung der christlichen Religion war Vianneys stärkstes Kindheitserlebnis. Es wirkte in seiner Seele nach, denn zeitlebens betrachtete er das Christentum nie als eine selbstverständliche Gegebenheit, über die man nicht viele Worte zu verlieren braucht. Eine Erstkommunion, bei der die familiäre Festlichkeit und die Geschenke den religiösen Eindruck hinwegschwemmen, wäre für ihn unvorstellbar gewesen. Die üppigen Feiern sind ein Produkt der Spätbourgeoisie, für die das Religiöse oft nur ein schmückendes Beiwerk ist. Schon früh prägte sich Vianney der christliche Weg als ein mit Gefahren verbundener Weg ein. Er war auf einen dornigen Pfad vorbereitet. Über die Revolution selbst und über die unmenschlichen Zustände, die zu ihrem Ausbruch führten, dachte Vianney auch später nicht nach; geschichtliche Probleme blieben stets außerhalb seines Gesichtskreises.

Hat die Revolution ihn nicht um seine Kindheit betrogen? In einem gewissen Sinne schon, aber daraus haben sich die Politiker bei der Verfolgung ihrer ehrgeizigen Pläne nie ein Gewissen gemacht. Wahrscheinlich wäre Vianneys kindliche Seele dem revolutionären Geschehen seiner Zeit nicht gewachsen gewesen, wenn ihn die ländliche Abgeschiedenheit seiner Kindheit nicht davor bewahrt hätte.

Vianneys Jugend verlief ähnlich jener der andern Landkinder. Man bestellte die Felder und lebte einfach. Seine Eltern waren fromme Christen und als solche auch hilfreich gegenüber den Armen. Bettler wurden zu Tische geladen und gesättigt. So forderte es die christliche Tradition. Aus dieser Überzeugung hat Vianneys Großvater einmal Benedikt Labre bei sich aufgenommen, den damals noch niemand als den heiligen Bettler erkannt hatte. Auch Benedikt Labre ist ein rätselvoller Heiliger; er war in Lumpen gehüllt und strahlte ein geheimnisvolles Licht aus, eine Helle, die jedoch nur erleuchtete Augen wahrzunehmen vermochten. Benedikt Labre war aus der Gesellschaft ausgeschieden. Er verkörperte nicht den Wanderer schlechthin, noch viel weniger ähnelte er dem heutigen Touristen, sondern war der echte Pilger, der zu Fuß durch halb Europa von Heiligtum zu Heiligtum wallfahrtete. Der Knabe Vianney hat diese Beherbergung nicht miterlebt, obwohl sie unter dem väterlichen Dach stattgefunden hatte. Zwei in jeder Beziehung ganz ungewöhnliche Heilige haben die Bahnen gekreuzt, ohne voneinander zu wissen. Wir haben den Vorzug, die innere Sehnsucht der beiden geheimnisvollen Männer zu kennen, und gehen trotzdem wohl blind an beiden vorüber.

Von seinen Eltern übte die Mutter, eine geborene Marie Beluse, in ihrer Frömmigkeit den stärksten Einfluß auf ihn aus. Ganz gewiß war sie der üblichen Volksfrömmigkeit zugetan, die in ihrer Echtheit denn auch nachhaltig den Knaben beeindruckte. Es ist nicht nebensächlich, ob ein Mensch eine fromme Mutter besitzt oder nicht. Von ihr geht eine Wirkung aus, die man nicht in Worten fassen kann und die doch unstreitig besteht. Vianney trug zeitlebens ein gutes Mutterbild in sich, bezeugte er doch eindeutig: „Ich schulde es meiner Mutter ... Die Tugend geht leicht von den Müttern in das Herz ihrer Kinder über, die gern das tun, was sie tun sehen."[2] Dies ist natürlich eine altmodische Auffassung, aber aller Wahrscheinlichkeit nach hat sie doch mehr für sich als die moderne Frauenemanzipation, welche die Mütter in das hektische Berufsleben stürzt und dadurch ihren Kindern entfremdet.

Auch der Vater war ein rechtschaffener Mann. In seinem bäuerlichen Denken hielt er es für selbstverständlich, daß seine heranwachsenden Kinder ihm bei der Feldarbeit halfen. Von Schulbesuch war selten die Rede; der Knabe Vianney lernte nur notdürftig lesen und schreiben, aber er säte und erntete das Getreide, er mähte das Gras und fütterte es dem Vieh, er besorgte die Arbeit im Weinberg, spaltete Holz und pflückte im Herbst das Obst, kurz, er entzog sich keiner der damals noch harten Bauernarbeiten. Er tat dies alles bereitwillig und unterschied sich nicht von seinen Geschwistern.

Zwar wurde – wie es in der früheren Hagiographie zum guten Ton gehörte – von ihm berichtet, daß er ein überaus frommes Kind gewesen sei. Am liebsten habe er die Schafe gehütet, weil ihm dann Zeit für das Gebet geblieben sei. Über alles habe er eine kleine Marienstatue geliebt und damit so auch schon früh seine Liebe zur Muttergottes bezeugt. Möglicherweise verhielt es sich so, vielleicht ist es aber auch fromme Ausschmückung. Jedenfalls darf man nicht verschweigen, daß Vianney ein Knabe mit heftigen Gemütserregungen war. Gelegentliche Zornanfälle endigten in einer verzweifelten Niedergeschlagenheit. Seine Wutausbrüche zeigen den Knaben, wie er wirklich war. Selbst in seinem Mannesalter machte ihm die unausgeglichene Veranlagung zu schaffen, jedenfalls bedurfte es starker Anstrengungen, bis er sie völlig überwunden hatte.

In seiner reiferen Jugendzeit meldete sich ein anderes Interesse: Er bat den Vater, ihn Priester werden zu lassen. Der Vater wollte davon absolut nichts wissen, weil er auf die Mitarbeit seiner Kinder im bäuerlichen Gewerbe angewiesen war. Die Mutter trat für die Bitte des Sohnes ein, aber es dauerte zwei Jahre, bis der Vater endlich widerstrebend zustimmte. Dann verließ Vianney den elterlichen Hof. Für den Vater war dies eine schwere Enttäuschung, wenn es auch deswegen zu keinem Zerwürfnis kam. Johannes Maria Vianney war trotzdem von Schuldgefühlen geplagt und glaubte immer wieder, sich in seinen rührenden Briefen beim Vater entschuldigen zu müssen. Er fühlte sich unwürdig, einen so guten Vater zu haben, ein Bewußtsein, das in stärkstem Gegensatz steht zu den Empfindungen der heutigen Jugend, die oft respektlos über ihre Väter spricht. Wie konnte es nur zu einer solchen Verkehrung der natürlichen Gefühle kommen?

Der dunkle Fleck

Der Achtzehnjährige wandte sich dem Nachbarpfarrer Balley zu, der ihn für die priesterliche Laufbahn vorbereiten wollte. Vianney fühlte sich zum Priesterberuf hingezogen, ohne daß er eine besondere Berufungsstunde erlebt hätte. Wenigstens wissen wir nichts Näheres darüber. Ehe jedoch Vianney mit den Vorbereitungen zu seinem Beruf richtig begonnen hatte, wurde er zum Militärdienst eingezogen. Zwar wollte der Vater ihn loskaufen, indem er einen Ersatzmann stellte. Dieser trat jedoch unerwartet von seinem Anerbieten zurück, legte Geld und Vertrag dem Vater einfach vor die Türe und verschwand. Obwohl auch Pfarrer Balley seinen Schüler rechtzeitig als Priesterkandidaten anmeldete, erhielt Vianney unbegreiflicherweise den Einrückungsbefehl.

Zu jener Zeit hatte Napoleon das Erbe der Revolution übernommen und brauchte Soldaten für seine militärischen Pläne. Deswegen wurde Vianney eines Tages abgeholt und seiner Truppe zugeteilt. Er erlitt dadurch einen solchen Schock, daß er Fieber bekam und ins Lazarett eingeliefert werden mußte. Offenbar war er ein sensibler Junge. Nach einigen Tagen erklärte der Militärarzt ihn für geheilt, worauf er seiner

Truppe nachzureisen hatte. Unterwegs kam ihm seine traurige Zukunft in ihrer ganzen Schwere zum Bewußtsein. Während des Marsches gesellte sich ein fremder Mann zu ihm, dem er bedrückt sein Los klagte. Der Unbekannte war ein Fahnenflüchtiger, verstand daher den Jammer seines Begleiters und führte ihn in der dunklen Nacht absichtlich in eine falsche Richtung. Als der Morgen graute, merkte Vianney, daß er sich weiter denn je von seiner Truppe entfernt hatte und zum Deserteur geworden war. Ohne seinen Willen war er in diese schiefe Rolle geraten, aber nachdem er sich nun einmal in ihr befand, bejahte er sie, ohne zu zögern. Er hielt sich im kleinen Cevennendorf Les Noës auf, dessen Bürgermeister spontan Verständnis für seine Situation hatte und ihn bei einer Verwandten, der Witwe Claudine Fayot, unterbrachte. Vianney half ihr bei ihrer bäuerlichen Arbeit und betätigte sich daneben, ungeachtet seiner geringen Kenntnisse, auch als Schulmeister. Wenn zuweilen die Polizei auftauchte, um Haus für Haus nach Fahnenflüchtigen zu durchsuchen, versteckte sich Vianney rasch unter dem Heu in der Scheune. Während dieser ganzen Zeit peinigte ihn ein starkes Angstgefühl. Stets fürchtete er, entdeckt und vor ein Kriegsgericht gestellt zu werden. Er legte sich auch einen anderen Namen zu, Hieronymus Vincent, damit der Grund seines Aufenthaltes in Les Noës möglichst unbekannt blieb. Beinahe ein Jahr lebte Vianney bei der gütigen Witwe Fayot. Er verehrte sie wie eine zweite Mutter und behielt sie zeitlebens in dankbarem Gedächtnis. Mehrere Briefe geben davon Zeugnis.

Man mag es wenden, wie man will, es bleibt bei der Feststellung: Der Heilige war ein Deserteur. Es wäre unangebrachte Apologetik zu behaupten, Vianney sei völlig unwissend in diese schiefe Lage geraten. Er wußte durchaus, was er tat; er sagte später selbst von der Kanzel herunter: „Als ich Deserteur war"[3], und schämte sich dessen nicht. Vianney war nicht willens, sein junges Leben auf den Schlachtfeldern in Spanien auszuhauchen, und entzog sich bewußt seiner militärischen Aushebung. Das ist wohl der dunkle Fleck im Leben des jungen Vianney. Es ist unstatthaft, dem Problem auszuweichen, hat man das doch allzulange getan. Es geht nicht an, die Flecken im Leben der Heiligen einfach auszuradieren. Das wäre ein unredliches Tun. Man muß darüber reden, ohne deswegen einer billigen Enthüllungspsychologie zu verfallen. Auch ein Heiliger mit Fehlern bleibt ein Heiliger, der stets weit über uns steht.

Selbst Vianneys Vater befahl ihm, sich zu stellen, doch der Sohn gehorchte nicht. Kann ein Mann, der sich von seiner Truppe abgesetzt hat, ein Heiliger sein? Wenn die Meinungen heute auch im Fluß sind, so steht doch fest, daß all den Menschen, die den Militärdienst für eine unabdingbare Pflicht gegenüber dem Vaterland halten, Vianneys Tun verurteilenswert erscheinen muß. Doch so einfach liegen die Dinge nun wiederum nicht.

Will man Vianneys Verhalten gerecht werden, bedarf es anderer Maßstäbe. Damals war die Armee nicht eins mit der Nation, sondern ein bloßes Werkzeug in der Hand Napoleons, der für seinen spanischen Eroberungskrieg Soldaten brauchte. Der ehrgeizige Usurpator war ausschließlich an der eigenen Macht interessiert. Andere Probleme gab es für ihn nicht. Es war sein Ziel, sich ganz Europa zu unterwerfen, und demzufolge waren die Kanonen seine einzige Stimme. Er bedurfte dazu der Soldaten, vieler Soldaten, die er in seiner Menschenverachtung als „geringe Ware" gewissenlos in den Tod jagte. Das Schicksal des einzelnen Menschen war Napoleon völlig gleichgültig; er wollte Schlachten gewinnen, was ihm dank seiner hervorragenden Strategie auch während langer Zeit gelang. Darum ist jeder Napoleon-Kult äußerst fragwürdig, jedenfalls kann er von einem Christen nicht geteilt werden. Vianney durchschaute das Wesen des brutalen Erfolgsmenschen nicht, hegte aber instinktiv eine Abneigung gegen diese ehrlose Menschenschlächterei. Hierin war er aller unangebrachten Napoleon-Schwärmerei weit voraus. Keine Stunde seines Lebens war er der Faszination des Korsen verfallen, dessen Prahlerei und Schauspielerei ihm nicht imponieren konnten.

Vianney wurde freilich auch nicht von dem Problem geplagt: „Du sollst nicht töten." Er war nicht das, was man heute einen Dienstverweigerer aus Gewissensgründen nennen würde. Noch weniger unterschied er zwischen Eroberungs- und Verteidigungskriegen. Weder verneinte er das eine, noch bejahte er das andere. Dieser ganze Fragenkomplex war ihm unbekannt. Bei ihm lagen die Dinge viel einfacher. Er stellte keine hochstrebenden theoretischen Überlegungen an. Ohne lange zu grübeln, handelte er aus seinem Gefühl heraus, empfand den Einrückungsbefehl als absurd, denn er wollte ja Priester werden. Mußte er nun nach Spanien in den Krieg ziehen, in Reih und Glied marschieren und zuletzt auf einem fremden Schlachtfeld verbluten? Für wen? Für den Emporkömmling? Dazu war er nicht bereit. Deswegen lief er davon, machte sich ohne Gewissensbisse aus dem Staube, wie dies einst auch „der arme Mann im Tokkenburg" in Preußen getan hatte. Vianney schämte sich keineswegs seiner Fahnenflucht, eher zürnte er mit Recht dem Stellungsbefehl.

Vianneys berufliche Laufbahn begann nicht günstig, stand doch an ihrem Anfang ein scheinbar wenig ehrenhaftes Verhalten. Gestehen wir es uns ein: Für traditionell denkende Menschen mag die Desertation der dunkle Fleck auf seiner weißen Weste bleiben. Näher besehen, ist dieser dunkle Fleck jedoch heller, als gewöhnlich angenommen wird, wenn er auch nicht völlig verschwindet. Man muß die Dinge beim richtigen Namen nennen. Man darf offen reden über die der Diskussion unterworfenen Handlungen der Heiligen. Vianneys Desertion kann man in guter Treue von zwei Seiten betrachten. Sie ist nicht kurzerhand als Feigheit zu apostrophieren. Unbewußt war es die Auflehnung eines jungen Mannes gegen die militärische Verfügung, die europäische Jugend sinnlos dem Kriegsmoloch zu opfern. Im übrigen haben die Heiligen an der menschlichen Schwachheit Anteil, sind der kreatürlichen Gebrechlichkeit unterworfen, und trotzdem dürfen wir ihnen unsere Hände hilfesuchend entgegenstrecken.

Studien-Erlebnisse
eines Unbegabten

Studieren zu dürfen ist ein Privilegium. Es ist eine Bevorzugung, wenn man in die Hallen der Wissenschaft eintreten darf und für würdig befunden wird, von der theologischen Forschung nähere Kenntnis zu erhalten. Von diesem Hochgefühl ist bei Vianney wenig wahrzunehmen. Sein Studiengang war mit Schmach und Demütigungen bedeckt.

Natürlich war Vianney erfreut, die Laufbahn des Priesters beschreiten zu dürfen, doch hatte er sich den Weg viel leichter vorgestellt. Er stieß auf mannigfache Schwierigkeiten, an die er gar nicht gedacht hatte. Sein Studiengang glich einem Spießrutenlaufen. Unrecht wäre es, dies zu verkleinern oder zu verharmlosen.

Vianney mußte sich zuerst die lateinische Sprache aneignen. Dabei stellte sich ihm das erste Hemmnis wie ein riesiger Bremsklotz in den Weg. Vianney hatte keinen „hellen Kopf" und war zudem für das Studium der Sprachen sichtlich unbegabt. Er lernte äußerst mühsam, gab sich redliche Mühe, plagte sich mit den Vokabeln und versuchte, sich die grammatikalischen Regeln einzuprägen. Er hatte das Pech, sie nicht behalten zu können, weil das Gedächtnis ihn im Stich ließ. Immer wieder mußte er neu beginnen. Es war eine Sisyphusarbeit ohnegleichen – der Stein rollte jedesmal zurück. Das Lateinische war die feierliche Sprache der Kirche, doch dem französischen Bauernjungen blieb sie völlig fremd. Ihm fehlte jeglicher Zugang zu ihr. Gar bald spürte er seine Unfähigkeit, und es bemächtigte sich seiner eine tiefe Mutlosigkeit, der er durch Arbeit im Pfarrhausgarten in Ecully Herr zu werden versuchte. In dieser traurigen Stimmung unternahm Vianney eine Wallfahrt zum Grab des Franz von Régis in La Louvesc, um den Heiligen um Hilfe anzuflehen. Bei dieser Gelegenheit bettelte er das einzige Mal in seinem Leben vor den Türen der Menschen und erlebte die Enttäuschung, nichts von den Leuten zu bekommen. Nach dieser Fahrt ging es ihm ein wenig besser, wenn er auch das Sprachstudium nicht dank einer frommen Wallfahrt zu bewältigen vermochte.

Aus dieser Zeit wird ein Vorkommnis berichtet, bei dem das wahre Antlitz Vianneys zum erstenmal aufleuchtet. Abbé Balley unterrichtete auch eine Reihe von Knaben in Latein, die ihren wesentlich älteren Mitschüler unbarmherzig verspotteten. Er befahl einem von ihnen, Vianney bei seinen Übungen zu helfen. Mathias Loras verlor jedoch angesichts Vianneys Beschränktheit die Geduld, wurde wütend über den dummen Bauernjungen und ließ sich dazu hinreißen, ihn vor allen andern Schülern zu ohrfeigen, daß es nur so klatschte. Statt zurückzuschlagen, sank der einundzwanzigjährige Vianney vor dem zwölfjährigen Mitschüler in die Knie und bat flehentlich, ihm doch zu verzeihen, daß er so langsamen Geistes sei. Der Demutsakt braucht nicht zu einer Variation von Christi Fußwaschung hinaufgesteigert zu werden, aber er zeigt doch ergreifend Vianneys gelebte Frömmigkeit. Loras war ob der kniefälligen Gebärde denn auch fassungslos, Schamröte stieg ihm ins Gesicht, und er brach in Tränen aus. Eine solche entwaffnende Demut hat er wahrscheinlich nie mehr erlebt, auch nicht als Bischof in Amerika. Uns aber verblüfft Vianneys Verhalten, weil wir Christi Worte: „Wenn dich jemand auf die rechte Wange schlägt, dem biete auch die linke dar", gar nie bedenken, geschweige sie befolgen. Die wahre Demut spricht eine Sprache, die jeden Einwand zum Verstummen bringt. Hier leuchtete sie zum ersten Male im Leben Vianneys auf.

Vianney blieb nicht kläglich auf der Strecke liegen – dies verdankte er einzig und allein der unendlichen Geduld von Pfarrer Balley. Der hochgewachsene, hagere Mann war ein in jeder Beziehung außerordentlicher Priester, der sich schon in der Verfolgungszeit mutig bewährt und sein Amt unter Todesgefahr ausgeübt hatte. Zunächst hatte er den Lateinunterricht Vianneys wegen Arbeitsüberlastung nicht übernehmen wollen, sich dann aber den jungen Bauernburschen näher angeschaut und gesagt: „Seien Sie unbekümmert, für Sie werde ich mich opfern, wenn es sein muß!" Er erkannte als erster Mensch intuitiv das Wesen Vianneys und ließ sich durch dessen sprachliche Unbegabtheit an seinem Urteil nicht irremachen. Jeden Tag begann er von neuem mit dem Einpauken der lateinischen Wörter und Regeln, obschon der Fortschritt gleich Null war.

Nach einiger Zeit fand Pfarrer Balley es doch für geboten, seinen inzwischen sechsundzwanzigjährigen Schützling im Kleinen und hernach im Großen Priesterseminar anzumelden. Aber mit dem Studium der Philosophie und Theologie ging es Vianney um kein Jota besser als mit dem Erlernen des Lateins. Sein Geist war schwerfällig und sein Aufenthalt im Priesterseminar eine wahre Seelenqual. Obwohl er sehr fleißig war, gelang es ihm nicht, dem in lateinischer Sprache erteilten Unterricht zu folgen. Etwas Deprimierenderes kann ein junger Mann gar nicht erleben. Die Seminarleitung erkannte nach fünf Monaten seine Untauglichkeit und forderte ihn auf, die Ausbildungsstätte zu verlassen. Traurigen Herzens kehrte er zu Pfarrer Balley zurück, erzählte ihm von seinem Scheitern und dachte daran, irgendein Kloster um Aufnahme als Laienbruder zu bitten. Doch der unbeirrbare Priester kapitulierte nicht. Er intervenierte beim Seminar, und Vianney konnte wieder eintreten. Doch auch beim zweiten Anlauf wurde er nicht zum Paradepferdchen für das Seminar. Es gibt da nichts zu beschönigen. Die Fragestellungen der Philosophie schienen ihm unnütz zu sein, und er konnte und konnte sich nicht mit dem „Unfug des philosophischen Verstandes" befreunden. Es war ihm nicht gegeben, den intellektuellen Diskussionen auch nur den geringsten Geschmack abzugewinnen. Sie interessierten ihn überhaupt nicht. Was Thomas von Aquino in seinen „Summen" geschrieben hatte, wünschte er gar nicht kennenzulernen. Vianney begriff nie, was diese ganze Gelehrsamkeit mit seinem Frömmigkeitsleben zu tun haben sollte; er blieb fromm, obschon er dies im Seminar zu verbergen suchte.

Die Angst vor dem Examen ist bekannt; bei Vianney führte sie zu einer Katastrophe. Beim bloßen Anblick der Prüfungskommission begann er zu zittern. Der Professor richtete seine Fragen, wie es damals noch üblich war, in lateinischer Sprache an Vianney, doch der Kandidat blieb stumm wie ein Fisch. Peinliche Stille herrschte im Raum – er hatte wegen des Lateins die Fragen überhaupt nicht verstanden, wie sollte er sie dann beantworten können? Er saß wie ein Häuflein Elend da und blickte flehentlich auf seinen Examinator. Eine bejammernswerte Situation. Ein Beisitzer erbarmte sich des unglücklichen Kandidaten und veranlaßte, daß man ihn in französischer Sprache befragte. Das schien ein wenig besser zu gehen, aber trotzdem war das Resultat keineswegs genügend. Erst als Pfarrer Balley bat, man möge Vianney in seiner Gegenwart in Ecully prüfen, war man mit dem immer noch ganz bescheidenen Resultat einigermaßen zufrieden. Courbon, der Generalvikar, der seit der Verbannung des Bischofs die Diözese leitete, fragte: „Ist Vianney fromm? Verehrt er die Gottesmutter? Kann er den Rosenkranz beten?" Nachdem man die drei Fragen positiv beantworten konnte, sagte der Generalvikar: „Gut, dann berufe ich ihn. Die Gnade Gottes wird das übrige tun." [1] Damit bewies der Bischofsvertreter eine Genialität des Herzens, die alle Anerkennung verdient, wenn sie auch das Kopfschütteln sämtlicher Examinatoren hervorrief. Doch darf man nicht übersehen, daß Vianney nur wegen des katastrophalen

Priestermangels und seiner ausgeprägten Frömmigkeit zu den Weihen zugelassen wurde. Da er der einzige Kandidat war, sandte man ihn zum Empfang der Priesterweihe nach Grenoble. Er schlich sich durch das damals von den österreichischen Truppen besetzte Gebiet und wurde schließlich im dortigen Seminar kühl empfangen. Bischof Simon von Grenoble weihte Vianney am 13. August 1815 zum Priester. Während sonst die Primiz ein Fest für die Familie des jungen Priesters ist, las Vianney an einem Altar ohne jeglichen Blumenschmuck und ohne Teilnahme auch nur eines einzigen vertrauten Menschen seine erste Messe. Außerdem setzte man ihm Grenzen, indem er vorläufig nicht Beichte hören und die Absolution erteilen durfte. Man traute ihm die Fähigkeit der Unterscheidung der Sünden nicht zu. Vianney hatte diesen kränkenden Vorbehalt entgegenzunehmen, er, der später der größte Beichtvater des Jahrhunderts werden sollte! Ach, so vieles im Leben dieses Heiligen ist eingehüllt in Traurigkeit.

Alle Behauptungen moderner Biographen, Vianney sei klug gewesen und seine Unbegabtheit sei eine Fabel, sind unwahre Beschönigungsversuche. Man meint ihm diese Übermalung schuldig zu sein, weil sonst das Bild des vollkommenen Heiligen eine Trübung erfahre. Das Gegenteil ist der Fall. Daß ein Genie ein erstaunliches Werk hervorbringt, ist nicht besonders verwunderlich, da es überdurchschnittlich begabt ist. Daß aber ein unbegabter Mensch Ungewöhnliches leistet, ist überaus erstaunlich und auch unerklärlich. Man muß in der Wahrheit bleiben und in aller Ruhe sagen: Vianney befand sich in intellektueller Beziehung weit unter dem Mittelmaß. Er selbst gestand: „Ich habe überhaupt keine Studien betrieben." Seine Vernunftqualitäten waren gering und seine Gedächtniskraft sehr schwach. Er eignete sich nicht einmal eine minimale Bildung an und hatte auch nicht das Bedürfnis, viel zu wissen. Der geistige Hunger ging ihm zeitlebens ab. Seine Begabung lag auf einem anderen Gebiet. Er war, wie viele Kinder, schulisch unbegabt, aber er besaß, was ich einen „Naturverstand" nennen möchte, wie man ihn hie und da unter der bäuerlichen Bevölkerung findet. Manchmal begegnet man älteren Bauern und Bäuerinnen, die von Goethe oder Beethoven nie auch nur etwas gehört haben und doch im Urteil unbestechlich sind und eine überraschende Weisheit bezeugen. Ähnlich war es bei Vianney. Dank seinem unverbildeten Naturverstand war er zuweilen in seinen Antworten erstaunlich schlagfertig. Freilich kam dann noch etwas ganz anderes hinzu, etwas, das aus keiner Naturanlage zu erklären ist und auch alle Bildung weit hinter sich läßt.

Vianney war nie ein Theologe und hatte mit dem ganzen wissenschaftlichen Betrieb nicht das geringste zu tun. Von der Theologie eines Augustinus besaß er keine Ahnung. Der Thomismus belastete ihn nicht. Ist dies ein Verlust, den man bedauern muß? Oder ist dies gar eine kleine Schande, die man möglichst rasch mit dem Mantel der Liebe zudecken sollte? Keineswegs, wenn ich auch nicht der Meinung bin, auf Ignoranz dürfe man stolz sein. Kenntnisse sind immer besser als Nicht-Wissen. Darüber ist keine Diskussion möglich. Doch das verborgene Ergebnis dieses Studiums eines Unbegabten ist anders gelagert. Von einer Theologie Vianneys kann man schon gar nicht sprechen, denn dazu fehlen die kleinsten Ansätze. Er war deshalb auch nie in eine theologische Streitfrage verwickelt. Es findet sich bei ihm auch keine Spur von Polemik, lebte er doch jenseits der Theologie, sozusagen in einem ganz anderen Raum. Theologie ist ohnehin nicht der Frömmigkeit oder gar der religiösen Glut gleichzusetzen. Die Verschiedenheit wird oft übersehen, was nicht nur ein Mangel an sauberer Unterscheidung ist. Aus diesem Grunde wird gegenwärtig oft so leichtfertig drauflos theologisiert, ohne jede Verantwortung vor Gott und den Menschen. Bei den großen Theologen der Vergangenheit, sei es ein Bonaventura oder ein John Henry Newman, war die Theologie stets von einem starken Gebetsleben getragen und deswegen gegen alle Verstiegenheit oder Destruktion gefeit. Wo aber die Glut durch bloße Vielwisserei ersetzt wird, beginnt das theologische Elend, das jeden religiösen Menschen bedrückt und aus dem wir uns gegenwärtig nur äußerst mühselig herauswinden. Der unbegabte Vianney könnte da einen unerwarteten Helferdienst leisten und die verwirrte geistige Situation wieder in Ordnung bringen. Der Dümmling hat über diese Thematik in aller Einfalt ein Wort zu sagen, das man in keiner Universitätsaula zu hören bekommt.

Der Aufenthalt im Seminar war für Vianney demnach eine einzige Leidenszeit. Er verdankt ihm nichts, und außerdem hat er keinen nennenswerten Wissensstoff für sein Leben gewonnen. Das ist gewiß zu bedauern.

Dafür aber hatte er einen überaus hilfreichen geistlichen Vater erhalten. Dies ist ein Geschenk, das wenigen Priesterzöglingen zuteil wird und das doch überaus wichtig ist. Die Professoren in den Priesterseminarien sind oft beliebt und oft auch langweilig, immer aber sind es nur Lehrer und ihre Zuhörer nur Schüler, was sich zuletzt steril auswirkt. Ein geistlicher Vater ist für das Erwachen und Fortschreiten zur Vollkommenheit durchaus notwendig. Er fördert die innere Entwicklung seines Wahlsohnes und vermittelt ihm eine Richtung von Dauer.

Vianneys geistlicher Vater hieß Pfarrer Balley. Ohne diese prachtvolle Priestergestalt gäbe es keinen heiligen Pfarrer von Ars. Georges Bernanos setzte ihm im „Tagebuch eines Landpfarrers" in der Figur des Pfarrers von Torcy kein historisches, aber dafür ein dichterisches Denkmal von unvergänglichem Wert.

Ein verwahrlostes Dorf

Vorerst wurde Vianney als Vikar seinem verehrten Pfarrer Balley zugeteilt. Dies war ein großes Glück für den jungen Priester. Die beiden Männer arbeiteten vorzüglich zusammen. Das unerquickliche Sprachstudium belastete sie nicht mehr, so daß sie sich ganz der pastoralen Arbeit widmen konnten. Dies taten sie denn auch mit hingebendem Eifer. Es gab keine unchristlichen Rivalitäten; zur Freude der Gemeinde Ecully war die Zusammenarbeit vorbildlich. Der junge Vianney ordnete sich selbstverständlich bereitwillig seinem geistlichen Vater unter und war für alle Anleitung überaus dankbar. Nach seinem eigenen Urteil hatte Vianney nie mehr eine herrlichere Seele gesehen als die des Pfarrers Balley.

Pfarrer Balley besprach mit seinem Vikar eifrig moraltheologische Fragen und vermittelte ihm das unumgängliche Wissen auf diesem Gebiet. Schon nach einem halben Jahr wurde Vianney erlaubt, Beichte zu hören. Der erste Mensch, der in seinem Beichtstuhl niederkniete, war ausgerechnet Pfarrer Balley! Dies entsprach der gelebten Demut des geistlichen Vaters.

In ihrer Frömmigkeit waren die beiden Männer ohnehin gleich ausgerichtet. Auch Balley nahm es mit der eigenen Buße sehr ernst. Er geißelte sich zuweilen selbst, und Vianney tat es ihm gleich. Beinahe könnte man von einem Wettlauf im Bußeifer sprechen. Jeder verklagte den andern beim Bischof wegen übermäßiger Bußstrenge, und der Bischof wird darüber milde gelächelt haben, zumal er selten derartige Klagen zu lesen bekam. Nach zwei Jahren starb Pfarrer Balley und vermachte Vianney die wenigen Habseligkeiten, darunter seine Bibliothek mit den Werken von Johannes vom Kreuz, von Seuse usw. Nach dem Tode Balleys ordnete der Generalvikar Vianney nach Ars ab, jenem Dorf, das für immer mit seinem Namen verbunden bleibt.

Ars liegt etwas mehr als dreißig Kilometer nördlich von Lyon und war damals ein kleines Dorf mit nur zweihundertdreißig Seelen. Armselige, mit Stroh gedeckte Häuser gruppierten sich um eine kleine Kirche. Das Dorf war so trostlos, wie es viele Gemeinden in der französischen Provinz sind, deren Langeweile die französischen Romanciers vorzüglich zu schildern verstehen. Zwar gibt es auf dem Lande in Frankreich Dörfer mit einem gewissen Charme, in denen es sich an schönen Sommertagen sogar träumen läßt. Ars gehörte nicht zu ihnen. In moralischer Hinsicht war Ars völlig verwahrlost, dies hatte schon der Generalvikar Vianney erklärt: „Es ist nicht viel Gottesliebe in dieser Pfarrei vorhanden; die werden Sie hineintragen."[1] Gewöhnlich werden die Errungenschaften der Französischen Revolution darin gesehen, daß sie dem dritten Stand Gleichheit, Freiheit und Brüderlichkeit gebracht habe. Dies hört sich theoretisch gut an, wenn auch von der Brüderlichkeit in der Praxis nicht viel zu sehen war. In religiöser Beziehung hatte die Französische Revolution wie eine Dampfwalze alle Christlichkeit eingeebnet. Sie hatte das kirchliche Leben völlig zerstört und in den Dörfern eine gähnende Leere zurückgelassen.

In Ars lag das Glaubensleben ganz darnieder. Nicht einmal das Sonntagsgebot beachteten die Bauern. Sie arbeiteten wie an Werktagen. Mit der Ehrlichkeit war es ebenso schlecht bestellt. Den Nächsten zu betrügen verursachte keine Gewissensbisse. Die Bauern begaben sich in ihrer Freizeit ins Wirtshaus, und die heranwachsende Jugend suchte ihr eigenes Vergnügen. Durch Trunksucht und Ausschweifungen wollte man der stumpfsinnigen Langeweile entgehen, die wie ein Nebel über Ars lagerte. Schon damals wußten die meisten Menschen nichts mit ihrer Freizeit anzufangen. Von geistigen Interessen war keine Spur vorhanden, dumpf lebte man dahin. Erschreckt stellte Vianney fest: „Laßt ein Dorf zwanzig Jahre ohne Priester, und sie beten Tiere an."[2]

Man würde Ars unrecht tun, nähme man an, nur in diesem Dorf habe eine trostlose Verwüstung der ländlichen Seele stattgefunden. In den meisten französischen Dörfern begegnete man der gleichen Stumpfheit.

Vianney machte sich am 9. Februar 1818 auf den Weg nach dem einsamen Ars, begleitet von „Mutter Bibost". Auf einem Karren wurde ihm seine von Pfarrer Balley geerbte Habe nachgeführt: ein Bett, die Bücher und ein Koffer mit Wäsche und Kleidern. Es war ein nebliger Tag, und die Häuser von Ars waren nicht zu sehen. Vianney verirrte sich denn auch in der Gegend, traf schließlich einen kleinen Hüterjungen und fragte ihn nach dem Dorf. Auf seine Antwort dankte der Pfarrer ihm freundlich: „Du hast mir den Weg nach Ars gezeigt; ich werde dir den Weg zum Himmel zeigen."[3] Dies war mehr als ein spontanes Wort. Die Aussage nimmt in nuce Vianneys ganze Tätigkeit in diesem unscheinbaren Dörflein vorweg: Den Weg zum Himmel hat er den Menschen in Ars auf eine einzigartige Weise gezeigt; er sollte ihnen fortan im Gewissen brennen. Beim Anblick des Dorfes fiel Vianney auf die Knie und betete. Dann schaute er sich nach der Kirche um, betrat sie und war traurig: Das Innere des Gotteshauses war unordentlich, der Tabernakel stand leer, und das Ewige Licht war erloschen. Vianney zog am Glockenstrang und kniete hernach vor dem Altar nieder. Einige Frauen begaben sich aus Neugierde zur Kirche und erblickten durch die geöffnete Türe ihren neuen Pfarrer. Dies war der Einzug Vianneys in seine Pfarrei. Wohl selten ist ein Priester in seiner Gemeinde weniger willkommen geheißen worden als Vianney in Ars. Selbst die kleinste festliche Freude fehlte; es war die gleiche trostlose Armseligkeit wie bei seiner Primiz. Man möchte weinen über die Gefühlskälte der Menschen und darüber, daß sie so leicht vergessen, was Liebe, Wärme und Freude ist. Doch es ist besser, ein Seelsorger zieht unbeachtet in seine Gemeinde ein und die Bewohner sind traurig bei seinem Scheiden, als wenn der Einzug mit Pomp gefeiert wird und man beim Weggang erleichtert aufatmet. Vianney wurde am folgenden Sonntag doch noch offiziell eingeführt und vom Bürgermeister begrüßt, an dem er eine gute Stütze finden sollte.

Es dauerte nicht lange, bis Vianney über den Zustand seiner Gemeinde völlig im Bilde war. Die Einsicht war auch unschwer zu erlangen; sie bot sich von selbst an. Die Einwohner zeigten ihrem Pfarrer die kalte Schulter; sie waren an einem kirchlichen Leben nicht interessiert. Aller übernatürlichen Beziehungen waren sie längst entwöhnt. Von einer christlichen Gemeinde konnte man nicht mehr reden. Sie war zur bloßen Fiktion geworden. Georges Bernanos schildert in seinem Roman „Die tote Gemeinde" die entseelte Situation eines Dorfes, indem er den Pfarrer sprechen läßt: „Was wollt ihr heute morgen hier in der Kirche? Was wollt ihr von euerem Priester? Gebete für diesen Toten? Aber ohne euch vermag ich nichts. Ich vermag nichts ohne meine Gemeinde, und ich habe keine Gemeinde. Es gibt keine Gemeinde mehr, meine Brüder ... ein Dorf und ein Pfarrer, das ist keine Gemeinde. Gewiß, ich möchte euch dienen, ich liebe euch, ich liebe euch, so wie ihr seid, ich liebe euer Elend; manchmal kommt es mir vor, als ob ich eure Sünden liebte, eure Sünden, die ich so gut kenne, eure armen freudlosen Sünden. Und es ist wirklich so, daß ich mit allen meinen Kräften um euch leide und für euch bete."[4] Dies ist dichterisch ausgedrückt, aber es paßt Wort für Wort zum Stand der Dinge in Ars. Vianney traf eine tote Gemeinde an, jedoch nicht nur Ars war eine tote Gemeinde. Deren gibt es heutzutage viele, darüber darf man sich trotz der großen Betriebsamkeit in vielen Gemeinden nicht täuschen. Wir haben guten Grund, über Vianney und die tote Gemeinde von Ars nachzudenken und das Problem auf die Gegenwart zu übertragen. Das „verwahrloste Ars" ist wahrhaftig auch anderswo anzutreffen.

Der Pfarrer von Ars gab sich keinen Moment den geringsten Illusionen hin. Nie dachte er, es sei am Ende gar nicht so schlimm, wie es den Anschein hatte. Mit solchen unangebrachten Selbstberuhigungen verschlimmert man nur die Lage. Man muß den gleichgültigen, lethargischen Zustand einer Gemeinde scharf sehen, denn dafür hat man die Augen bekommen. Vianney vermied alle Klagen und jedes Selbstmitleid. Es war seine Aufgabe, die Gottesliebe in dieses Dorf hineinzutragen. Zentnerschwer legte sich dieser Auftrag auf seine Schultern. Der unglückliche Priester wußte sich nicht anders zu helfen, als sich vor dem Altar der Kirche niederzuwerfen und zu Gott zu flehen: „Schenk mir die Bekehrung meiner Gemeinde!" Nicht nur einmal flüsterte er diese Worte, er wiederholte sie immer wieder: „Mein Gott, gewähre mir doch die Bekehrung meiner Pfarrei. Ich bin bereit, alles, was du über mich verhängen willst, bis zum Ende meines Lebens zu dulden ... Ja, hundert Jahre lang die wildesten Schmerzen, wenn sie nur zu dir zurückfinden."[5] Die Bitte um die Bekehrung seiner Gemeinde wurde zum Hauptgebet des jungen Pfarrers. Es war ihm klar: „Ich bin ein Nichts – Gott allein vermag alles." Damit stand er gleich zu Beginn vor dem entscheidenden Problem: die Umkehr. Mit diesem Ruf begann Christus seine Predigttätigkeit: „Denket um!" Die Umkehr ist das große Thema, ist die zentralste Forderung und zugleich der stärkste Appell. Vianney wußte, eine echte Umkehr kann nur Gott allein bewirken. Von ihm muß sie erfleht werden. Eine andere Hilfe gibt es nicht. Gott erhörte Vianneys Bitte. Aber um welchen Preis! Die Umwandlung von Ars fiel Vianney nicht als reife Frucht in den Schoß. Er mußte für die Erhörung seiner Bitte auch etwas tun. Dies war ihm selbst vom ersten Tag an klar.

Die Umkehr einer Gemeinde bewirken, heißt in einen Kampf eintreten. Der Geisteskampf richtete sich gegen das Neuheidentum, das durch die Revolution und Napoleon entstanden war und Vianney in Ars unverhüllt entgegentrat. Das Neuheidentum ist nicht dem alten, vorchristlichen Heidentum gleichzusetzen. Das alte Heidentum glaubte an Götter; eine alte griechische Landschaft war mit Tempeln übersät, in denen man ernsthaft opferte. Paulus bestätigte in seiner Areopagrede den Athenern, daß sie „in allen Stücken gar sehr die Götter fürchteten". Das Neuheidentum dagegen hascht nur nach Glück und ist gegenüber dem Christlichen völlig gleichgültig. Die Indifferenz ist das Charakteristikum des Neuheidentums. Es besteht in einer ausgelaugten Dekadenz. Der neuheidnische Mensch wird von einer gespenstischen Leere gepeinigt; die Sinnlosigkeit versteinert sein Gesicht zu einer Maske. Dieser Lage sah sich der Pfarrer von Ars gegenüber, und an dieser Front kämpfte er unablässig, allerdings mit andern Waffen, als es gewöhnlich geschieht. Darum gelang ihm, was den meisten Pfarrern nicht beschieden ist.

Stellvertretendes Tun

Mit der Vorstellung eines Pfarrhauses verbindet sich gerne eine gewisse Idylle: freundliche Stille, ein Garten mit blühenden Obstbäumen. Wie weit dies eine Illusion ist, sei jetzt dahingestellt. Das Pfarrhaus von Ars war zwar vom Schloßfräulein Anna Colomba Garnier des Garets behaglich eingerichtet worden. Vianney betrachtete nachdenklich die Möbel, besann sich kurze Zeit und befahl dann, das Pfarrhaus auszuräumen. Statt auf Verschönerung bedacht zu sein, sagte er nur, er bedürfe dieser Einrichtung nicht, und gab sie der freundlichen Geberin dankend zurück. Ein einziges Zimmer im ersten Stock behielt er für sich, das ihm als Schlafkammer, „Studierzimmer" und Empfangsraum diente. Es sah kahl, karg und unwohnlich aus, enthielt ein altes Bett mit einem Strohsack, eine Truhe und einige Heiligenbilder. Das war alles. Diese Armseligkeit war ihm gerade recht. Offenbar fehlte dem guten Manne jeglicher Sinn für eine gepflegte Wohnkultur. Davon kann sich jeder Besucher von Ars selbst überzeugen, weil alles mehr oder weniger so belassen wurde, wie es zu Vianneys Lebzeiten war.

In Begleitung von Madame Bibost aus Ecully, die ihm den Haushalt besorgen sollte, traf Vianney in Ars ein. Frau Bibost war eine gute Person, vom besten Willen beseelt, dem jungen Pfarrer behilflich zu sein. Nach kurzer Zeit aber entließ er sie mit liebenswürdigen Worten, weil er für sie keine Arbeit habe. Er sei, so sagte er, imstande, seine Mahlzeiten selbst zu kochen.

Waren es denn wirkliche Mahlzeiten, die er sich zubereitete? Dies war ganz und gar nicht der Fall. Er kannte keine Menüsorgen und verlor auch mit dem Einkauf kaum Zeit. Vianney aß nur einmal am Tag. Er kochte sich einige Kartoffeln, die für eine ganze Woche ausreichten. Es störte ihn nicht, wenn sie am Ende der Woche schimmlig waren. „Sie sind nicht schlecht und immer noch brauchbar", meinte er einsilbig. Er trank auch prinzipiell keinen Wein. Der strenge, asketische Geist kam dabei so deutlich zum Ausdruck wie beim Ausräumen seiner Wohnung. Weder in der Nahrung noch in der Wohnung gönnte sich Vianney auch nur den geringsten Genuß. Er war ganz auf Verzicht und Entwöhnung eingestellt. Kam einmal unerwartet Besuch, wie der von seiner Schwester, geriet er in große Verlegenheit. Seine Gäste mußten sich selbst behelfen, er hatte ihnen nichts vorzusetzen; es war geradezu peinlich. Vianney war der schlichten Meinung, fasten erhelle den Geist.

Ein moderner Pfarrer hätte zuerst eine Pfarrkanzlei mit Kartothek, Vervielfältigungsapparat, Schreibmaschine usw. eingerichtet und dem Raum einen büroähnlichen Charakter gegeben. Von all diesen heutigen Vorstellungen war Vianney weit entfernt. Es ist mehr als fragwürdig, ob man mit technischen Mitteln auch nur in die Nähe der Umkehr gelangt. Der Pfarrer von Ars schlug einen ganz anderen Weg ein.

Er war auch nicht willens, die Bedürfnisse seines Körpers zu befriedigen, weil er ihn als „Kadaver" bewertete, was einer offensichtlichen Leibverachtung gleichkommt. Er hatte Pfarrer Balleys Abtötungswerkzeuge geerbt – wahrhaftig, eine seltene Erbschaft! –, benutzte sie täglich und trug zudem heimlich ein Büßerhemd. Er züchtigte jeden Abend vor dem Schlafengehen seinen Leib, nur ganz selten unterließ er diese seltsame Liebkosung. Der Büßer schlug erbarmungslos mit seinen Marterinstrumenten auf sich ein, bis das Blut an die Wand spritzte. Noch heute kann man die Blutflecken an der Zimmerwand sehen. Man wagt kaum zu atmen, wenn man sie betrachtet, weil man dabei unmittelbar vor dem Rätsel Vianneys steht. Wie war Vianneys Verhalten möglich, in einer Zeit, da man alle möglichen wohlriechenden Salben und Wässerchen für die Körperpflege verwendete? Unwillkürlich denkt man an Georges Bernanos' Worte: „Die Heiligkeit ist wie alles auf der Welt nur auf der Bühne schön, die Rückseite der Kulisse stinkt und ist häßlich."[1]

Was bezweckte Vianney mit seiner wilden Askese, die an die längst vergangene Zeit der Wüstenväter erinnert? Läßt die Selbstgeißelung auf einen versteckten Masochismus schließen? War Vianney vielleicht nicht ganz normal? Ist eine solche asketische Haltung nicht auch für den heutigen Christen ein überwundenes Ideal? So kann, darf und muß man fragen, sofern man dem Problem nicht ausweichen will.

An sich ist die Frage nach der Askese keineswegs überholt; sie ist viel bedeutsamer, als gemeinhin angenommen wird. Wer ganz und gar auf jede Askese verzichtet, wird schwerlich eine Persönlichkeit werden, die sich selbst im Zügel hat.

Es war Vianney nicht um das theoretische Problem von Wert oder Unwert der Askese zu tun. Die nicht auszulöschenden Blutflecken an der Wand seines Zimmers sprechen eine andere Sprache. Der Pfarrer von Ars wollte Buße tun für seine in christlicher Hinsicht verkommene Gemeinde. Durch sein Büßerleben hoffte er, sie zur Umkehr zu bewegen. Es kann darüber gar keinen Zweifel geben: Er tat es in Stellvertretung! Der Heilige sprang für seine Gemeinde in die Lücke. Das seltsame, für moderne Ohren beinahe unverständliche Wort „Stellvertretung" besaß für ihn einen tieferen Sinn. Als Beichtvater pflegte er gelegentlich zu sagen: „Mein Rezept ist dies: ich gebe den Sündern eine kleine Buße auf und leiste den Rest an ihrer Stelle." Das stellvertretende Handeln ist neutestamentlichen Ursprungs. Christi Leiden und Sterben haben stellvertretende Bedeutung, und an ihr wollte Vianney Anteil haben. Er befand sich in der Nachfolge des Herrn, wenn er für seine Gemeinde zum Büßer wurde.

Nun wird auch Vianneys Spiritualität verständlich. Es muß deutlich ausgesprochen werden, was in der Vianney-Literatur gewöhnlich verschleiert wird: Er war unbewußt vom Jansenismus beeinflußt! Das ist eine Tatsache und keine bloße Hypothese. Pfarrer Balley war Jansenist, und Vianney übernahm von ihm die strenge Frömmigkeitsform, ohne die damit zusammenhängende Problematik näher zu kennen. Der Jansenismus ist eine vielschichtige Erscheinung und verlangt als solche eine differenzierte Beurteilung. In der Kirche widerfuhr ihm eine schroffe Ablehnung, und wegen seiner harten Prädestinationslehre wurde er sogar der Häresie verdächtigt. Darum spricht man gewöhnlich nicht von ihm oder nur in verurteilendem Ton, ohne der politischen Umstände zu gedenken, die bei den Auseinandersetzungen um ihn mit im Spiele waren. Doch das ist nicht anders als die jahrhundertelange Beargwöhnung von Origenes, ohne daß man je geprüft hätte, ob diese Ablehnung auch berechtigt ist. Das sind ausgefahrene Geleise. Wir sind gehalten, die religiöse Vergangenheit stets aufs neue zu befragen und uns nicht mit oft wiederholten Meinungen vorzeitig zufriedenzugeben. Bei aller Einseitigkeit barg auch der Jansenismus einen Wahrheitskern in sich. Man kann Port-Royal nicht in Bausch und Bogen verwerfen. Dies wäre ungerecht, um so mehr als diese Menschen ernste Christen waren. Wer die Verneinung trotzdem ausspricht, verurteilt damit auch Pascal, der eine der tiefsten Auffassungen des Christentums vertrat. Der Jansenismus lebte als unterdrückte Strömung in der Kirche weiter. Gesteht doch noch Julien Green in seiner Autobiographie: „So trat denn der Jansenismus in mein Leben, um es nie wieder gänzlich zu verlassen."[2]

Der Jansenismus, der eine typisch französische Erscheinung war, muß nochmals ruhig überdacht werden. Zum mindesten ist zwischen seiner Theologie und seiner Frömmigkeit zu unterscheiden. Zwar sind sie eng miteinander verbunden, aber doch nicht zu identifizieren. Die jansenistische Theologie überspitzte die Prädestinationslehre, nicht anders wie es Calvin tat, mit dessen Auffassung sie eine gewisse Ähnlichkeit aufweist, was sie häresieverdächtig erscheinen ließ. Sie plagte auch die Menschen des 17. Jahrhunderts mit dem Kummer, ob sie zu den Verdammten gehörten oder nicht. Franz von Sales hatte mit dieser schrecklichen Vorstellung eine Zeitlang schwer zu kämpfen. Vianney verstand von dieser Theologie, wie übrigens von aller Theologie, nichts. Er beschäftigte sich gar nicht mit ihr. Auch gegenüber der jansenistischen Frömmigkeit sind Fragen angebracht. Sie erstickt oft an der eigenen Engherzigkeit und kennt nicht, was das Johannesevangelium die Freude, die vollkommene Freude nennt. Die Jansenisten erhoben gegen die Priester ihrer Zeit den Vorwurf, sie gingen mit der Lossprechung im Beichtstuhl zu leichtfertig um. Vianney war seit seinem Aufenthalt beim Pfarrer Balley der jansenistischen Frömmigkeit zugetan. Von ihm übernahm er das Bestreben, aller Fröhlichkeit zu entsagen und auf alles Überflüssige zu verzichten. Der Christ soll dieses Leben als ein einziges Opfer bewerten und den sündigen Leib beständig bestrafen. Die jansenistische Frömmigkeit ist, wie der Pietismus auf protestantischer Seite, von einem gewissen Rigorismus nicht freizusprechen.

Trotz dieser Grenzen der jansenistischen Frömmigkeit muß man ihren großen Ernst anerkennen. Sie nahm den Kampf gegen die Laxheit auf. Nie vertrat sie ein Allerweltschristentum, das nur katholisch war, weil es zum guten Ton gehörte, katholisch zu sein. Vielmehr betonte sie die Verantwortung des Christen und brachte deswegen auch bedeutende Gestalten hervor. Pascal stand ihr nahe, wenn er auch nicht mit ihr identifiziert werden darf. Mit Pascal hat das neue Gespräch erst begonnen, und ganz sicher gehört er zu den ewigen Gefährten. Ebenso ist Benedikt Labre zu nennen, dessen Gottesbild vom Jansenismus geprägt war: der strenge, furchtbare Gott, dem man sich nicht gleich einem liebenden Vater vertrauensvoll nähern darf. Der beständig betende Bettler mied sogar die Kommunion, weil er sich ihrer unwürdig wähnte. Dies wird gewöhnlich nicht bemerkt, wenn man vom heiligen Bettler redet. Ebenso verschweigt man den jansenistischen Hintergrund, wenn auf das rücksichtslose Büßertum des Pfarrers von Ars hingewiesen wird. Sollte man nicht anstelle dieser Vertuschung offen erklären: Der heutigen Christenheit würde eine Spritze jansenistischer Frömmigkeit – nicht jansenistischer Theologie! – ganz gewiß nicht schaden. Vielleicht trüge sie sogar zu ihrer Genesung bei, indem sie ihrer religiösen Tändelei Einhalt geböte. Freilich dürfte es nicht ein bloß nachgeahmter Jansenismus, sondern es müßte unbedingt eine verwandelte jansenistische Frömmigkeit sein. Nur neu erlebte Frömmigkeitserfahrungen bewirken eine Wiedergeburt der Christenheit.

Trotz dieser Auffassung erhebt sich an dieser Stelle eine ganze Reihe von Fragen. Sie sprudeln nur so hervor, zumal sie bis jetzt nur mühsam zurückgehalten wurden. Will Gott von uns Menschen, was Vianney getan hat? Gab er uns den Körper, damit wir ihn unablässig quälen? Hat er Freude, wenn das Blut an die Wand spritzt? Sind Selbstgeißelungen nicht eine in die Kirche eingedrungene Krankheit, die der Christenwürde Abbruch tut? Entspricht es dem Willen Gottes, den Sinn für die lieben Dinge dermaßen zu unterdrücken, und ist nur ein ungemütlich eingerichtetes Zimmer Gott wohlgefällig? Ließ er die Früchte des Feldes wachsen, damit man verschimmelte Kartoffeln zu sich nimmt? Ist es richtig, den Duft einer Blume nicht einzuatmen, wie es sich Vianney versagte? Saß nicht auch der Herr an der Hochzeitstafel zu Kana und verwandelte sogar Wasser in Wein, damit die Gäste den Wein der neuen Freude trinken durften? Ist eine köstliche Mahlzeit, die man bei vertraulichem Gespräch einnimmt, verboten? Sind geordnete Sinnenfreuden unstatthaft? Gibt es keinen geheiligten Eros? Warum hat Gott die Schöpfung so wunderbar gestaltet, wenn man sie gar nicht ansehen soll? Es wäre nicht ehrlich, wenn diese Fragen nicht aufgeworfen würden.

Damit sind noch nicht alle Bedenken vorgebracht. Vianneys Unterernährung schadete womöglich seinem Nervensystem. Sein Gesundheitszustand war nicht befriedigend. Namentlich sind seine Ängste ziemlich sicher auf seine angegriffenen Nerven zurückzuführen. Der heutige Mensch denkt in psychologischen Zusammenhängen, die er gar nicht übersehen kann. Vianney selbst hat in späteren Jahren von „Jugendtorheiten" und „Übertreibungen" gesprochen.

Schließlich hat Frankreich im Laufe seiner christlichen Geschichte noch andere Frömmigkeitsformen hervorgebracht als diese barbarisch anmutende Askese. Der christliche Humanismus des heiligen Franz von Sales, der bewußt lehrte, sich mitten in der Welt als Christ zu bewähren, vermittelte eine andere Parole: „Ich will keine absonderliche, unruhige, traurige, griesgrämige und verdrossene Frömmigkeit, sondern eine milde, sanfte, angenehme und friedliche, mit einem Wort, eine freie und frohgemute, die liebenswürdig ist vor Gott und den Menschen." Von dieser salesianischen Frömmigkeit wurde beispielsweise Vinzenz von Paul geprägt, der die Nächstenliebe zu einer geistigen Leidenschaft steigerte, die sich überaus segensreich auswirkte. Lebte nicht auch in den schlichten Anweisungen von Bruder Lorenz, allezeit in der Gegenwart Gottes zu stehen, eine überaus wohltuende Spiritualität von starker Anziehungskraft? In den genannten Gestalten – es wären noch andere zu erwähnen – leuchtet eine Christlichkeit auf, die sich unmittelbar an die urchristlichen Worte anschließt: „Freuet euch im Herrn allezeit; nochmals will ich sagen: Freuet euch!"[3]

Es kann nicht bestritten werden, daß all diese Argumente eine gewisse Berechtigung haben. Und doch ist mit den vorgebrachten Einwänden das Anliegen Vianneys nicht erledigt. Obwohl er seine tägliche grausame Askese möglichst verbarg, konnte sie den Bewohnern von Ars auf die Dauer nicht entgehen. Nach und nach haben sie etwas von der radikalen Stellvertretung Vianneys bemerkt und zunächst den Kopf darüber geschüttelt. Doch ob sie nun wollten oder nicht, Vianney zwang sie zum Nachdenken. Unwillkürlich gingen sie in sich, verglichen seine und ihre Lebensweise und schämten sich. Die Bauern von Ars stellten schließlich fest: „Das ist kein Mann wie die andern!"[4] Das ist eines der zutreffendsten Urteile über den Pfarrer von Ars, wie man es aus dem Munde der neuheidnischen Bauern gar nicht erwartet hätte. Darauf kommt es an: Der Christ lebt nicht wie die Nichtchristen. Die Gewohnheiten der Welt stimmen nicht mit dem Evangelium überein. Es besteht zwischen ihnen eine grundsätzliche Verschiedenheit. Wenn der Jünger Christi es den Weltkindern gleichtut, dann ist er kein Christ. Bei Vianney trat der Unterschied deutlich hervor, und deshalb ist es geboten, mit unsern vorschnellen Urteilen über seine Buße zurückzuhalten.

Hinzu kam noch das unablässige Gebet Vianneys für seine Gemeinde. Er gehörte zu den großen Betern der Christenheit, obwohl er sichtlich beim Gedanken erschrak, daß das kleine Geschöpf Mensch mit dem unendlich großen Gott sprechen darf. Immer wieder kniete er vor seinem Altar und erflehte von Gott die Bekehrung seiner Gemeinde. Man wird an das Gebet Jakobs erinnert: „Ich lasse dich nicht, du segnest mich denn." Vianney betete schweigend: „Man muß nicht viel reden, um gut zu beten. Man weiß, daß der liebe Gott da ist ... man öffnet ihm sein Herz, man freut sich seiner heiligen Gegenwart, das ist das beste Gebet."[5] Buße und Gebet flossen ineinander über; sie lassen sich nicht trennen und verschmelzen zu einer Einheit.

Deswegen steht allen berechtigten und unberechtig-

ten Bedenken gegen das ebenso seltsame wie ungewöhnliche Tun Vianneys die eine, unbestreitbare
Tatsache gegenüber: Vianney hat sein Ziel, die Bekehrung seiner Gemeinde, erreicht, was den heutigen
Pfarrern mit ihren betriebsamen Programmen kaum
gelingt. Diese allgemeine Feststellung steht wie ein
Granitblock da, selbst alle dialektische Zungenfertig-
keit wälzt ihn nicht weg. Das religiös verwahrloste Ars
hat sich langsam, aber spürbar gewandelt. Eine verlu-
derte Gemeinde wieder heimzuholen ist kein geringe-
res Wunder, als mit Jesus zu einem Berge zu sagen:
„Hebe dich von hinnen dorthin!" [6] Vianney hat das Er-
staunliche vollbracht. Es ist eine Bestätigung der alten
Wahrheit: Einzig das Tun der Wahrheit wirkt. Ihm allein wohnt eine unwiderlegbare Kraft inne. Der Pfarrer von Ars lebte sie mit einer geradezu unheimlichen
Gewalt. Zuletzt vermag man nur die Worte zu stam-
meln: „Wenn man sieht, was ein Heiliger ist, wie soll
man da nicht zittern?" [7]

Aufbau einer Gemeinde

Die stellvertretende Buße bildete die Voraussetzung von Vianneys Bemühung, Ars zu bekehren. Wenn dieses Tun übersehen oder als geringfügig bewertet wird, versteht man seine Sendung überhaupt nicht. Die stellvertretende Buße gehört unbedingt in den Vordergrund, wenn sie auch nicht das einzige von ihm eingesetzte Mittel war.

Vianney war ein Mensch, der sein Kirchlein über alles liebte. Während ihm sein unwohnliches Pfarrhaus nicht armselig genug sein konnte, war ihm seine Kirche nie schön genug. Bei seinem Amtsantritt war die Kirche sehr vernachlässigt, weswegen er zunächst begann, die schadhaft gewordenen Stellen wieder in Ordnung zu bringen. Er erneuerte den baufälligen Glockenturm und stiftete zwei Glocken. Vor allem wollte er die Kirche schmücken, kaufte deshalb in Lyon einen schönen Altar und neue Meßgewänder. Für die Kirche war ihm nur das Beste gut genug. Der Bruder der Schloßherrin, Vicomte Garnier des Garets d'Ars, half ihm tatkräftig bei der Ausschmückung, und bald besaß Ars eine schmucke Kirche ohne Spuren des Verfalls. Vianney vergoldete die Gefäße mit eigener Hand, und je strahlender sie wurden, desto größer war seine und der Gemeinde Freude. Es tut nichts zur Sache, daß Vianney dabei keinen guten Geschmack bewies und oft kitschige Dinge auswählte. Wesentlich war, daß er auf eine geschmückte Kirche Wert legte. Es bedrückte ihn nicht, daß er sich dabei in große Ausgaben stürzte und sogar in Schulden geriet.

Die Kirche war sein Aufenthaltsort. Bald nach Mitternacht zündete er seine Laterne an und ging in die Kirche, um zu beten. Zu welcher Zeit auch immer man durch die Kirchentüre guckte, stets sah man eine schwarze Gestalt vor den Stufen des Altars knien. Brach der Morgen an, begann er die Messe zu lesen. Sie gehörte zu seiner wesentlichen, priesterlichen Funktion. Er pflegte sie mit tiefer Andacht zu zelebrieren, und sie schenkte ihm die Gewißheit, die er in die durchschlagenden Worte kleidete: „Er ist da." Keine Ekstase ist in seiner Mystik – er erlebte die Gegenwart Gottes. Diese drei Worte waren für Vianney keine leere Behauptung, nein, sie deuten sein entscheidendes Eucharistie-Erlebnis an. Es bildet die notwendige Ergänzung für sein stellvertretendes Tun, durch das er Anteil an der Passion Christi hatte. Vianney lebte von der Anwesenheit Christi im Sakrament. Mit diesem Glauben steht und fällt er – mit ihm hoffte er die Hölle zu besiegen. Die sakramentale Gegenwart steht im Mittelpunkt von Vianneys Leben. Sich im Dunkel der Kirche aufzuhalten und im Allerheiligsten den anwesenden Gott unverwandt anzuschauen, entsprach seinem innersten Bedürfnis. Mit der Gewißheit: „Er ist da" war der Pfarrer von Ars in die Mystik eingedrungen. Sie erfuhr im 17. Jahrhundert in Frankreich eine

Blütezeit, die Henri Bremond in seinem mehrbändigen Werk etwas allzu elegant, aber doch überaus verdienstlich der gegenwärtigen Generation vor Augen gerückt hat. Von ihr hatte Vianney keine Kenntnis, trotzdem ist er in diese große Tradition einzureihen, zu der im 19. Jahrhundert auch Bernadette, Thérèse von Lisieux und Elisabeth von Dijon zählen. In Vianney lebte eine verhüllte Mystik, wennschon sich bei ihm keine mystischen Reflexionen finden. Mit seiner Überzeugung: „Er ist da" hat er sie existentiell erlebt. Aus dieser verborgenen Quelle schöpfte er seine Kraft, und ohne sie hätte er nichts vermocht.

Dabei kam es öfters vor, daß ihm die Tränen in die Augen traten. Er besaß die Gabe der Tränen. Sie flossen bei der Messe, im Gebet und auch im Beichtstuhl. Tränen sprechen eine Sprache, die beredter ist als alle Worte. Bei Vianney sind sie eindrucksvoll, jedenfalls erinnern sie an die Tränen Christi über Jerusalem. Sie zeugen von tiefster Ergriffenheit und steigen aus den Wurzeln alles Lebens auf. Wenn die Menschen mehr weinten, wären sie weniger verhärtet.

Nicht nur die Tränen kamen bei der Messe, zuweilen huschte auch ein Lächeln über sein Gesicht, wenn er den Tabernakel anschaute. Es ist dies vielen Menschen aufgefallen. Das Lächeln gehört zu seinen Tränen; sie stehen nebeneinander. Man kann nur vermuten, was dies bedeutet. Sah er im Tabernakel den Herrn in leibhaftiger Gestalt? Möglich wäre es. Der Pfarrer von Ars pflegte über seine mystischen Erlebnisse zu schweigen. Vielleicht deutete sein Lächeln zuweilen auch ein Verzeihen an, strömte er doch eine sichtliche Vergebung aus, die die Menschen so stark anzog.

Nach der Messe hielt Vianney seine Predigt. Eine ins Neuheidentum abgesunkene Gemeinde bedurfte dringend der neuen Belehrung über bleibende, christliche Wahrheiten. Es gehört auch zur Not unserer Zeit, daß diese Belehrung selten mit der nötigen Vollmacht erfolgt. Vianney vermittelte seiner Gemeinde das göttliche Wort. Die Verkündigung fiel ihm gar nicht leicht. Er war alles andere als der geborene Prediger, wodurch er freilich auch gegen die Versuchung gefeit war, ein selbstgefälliger Schönredner zu werden. Er mühte sich um seine ersten Predigten, scheute sich nicht, Stellen aus den Predigtbüchern von Joly, Billot und Bonnardel abzuschreiben und auswendig zu lernen. In der Kirche trug er sie in schreiendem Ton vor. Befragt darüber, warum er die Gebete so leise spreche und die Predigt herausschreie, antwortete er: „Gott hört mich bei der leisesten Äußerung, aber meine Gemeinde ist taub." Es kam auch vor, daß er den Faden verlor, zu stottern begann und schließlich beschämt von der Kanzel herabstieg. Er nahm dieses blamable Versagen vor der ganzen Gemeinde als eine Demutsübung hin, ohne deswegen mit Gott und sich zu hadern.

Seine Predigten waren nicht frei von Moralismus, was bei seiner jansenistisch angehauchten Frömmigkeit nahelag. Er verwendete mitunter schrecklich harte Ausdrücke, wenn er sich auch immer von Schlagworten freihielt. Nie kam er dem Trend seiner Zeit entgegen. Er polterte sowohl gegen das Fluchen der Männer wie auch gegen die Tanzlust der jungen

Mädchen. War das letztere eine so furchtbare Sünde, wie Vianney meinte? Gewiß ging es bei den damaligen Tänzen derb zu, aber das Tanzen an sich abzulehnen verrät eine ängstliche Einstellung. Getanzt wurde schon im Alten Testament, David tanzte vor der Bundeslade, und schließlich gehört der Tanz zu den Volksbräuchen. Vianney hätte weder die schönen Tänzerinnen auf Degas' Bildern bewundern können, noch hatte er ein Verständnis dafür, daß sich der Mensch im Tanz vom Erdboden löst. Er blieb unerschütterlich bei seiner Meinung: „Es war ein Tanz, der dem Johannes dem Täufer den Kopf kostete."[1]

Man kann sich manchmal des Eindruckes nicht erwehren, daß Vianney sich hie und da in die Rolle des Eiferers hineinsteigerte und sich nicht immer die Tragweite seiner Ausführungen überlegte. Gewiß durchschaute er den neuheidnischen Geist seiner Zeit, und trotzdem stellte er ihn zuweilen verzerrt dar. Wenn auch schon damals der Westen in Fäulnis überzugehen drohte, gab es trotzdem fromme Menschen, die das Rechte taten. Vianneys Eltern sind ein Beweis dafür, und sie waren nicht die einzigen. Aufs ganze gesehen stand schon damals die Neuzeit unter dem Wort: „Ich will sie nicht verderben um der zehn Gerechten willen."[2] Zwar meinte Vianney einmal, er habe seine Pfarrkinder nie ausgescholten. Hierin täuschte er sich selbst. Seltsam und kaum verständlich ist, daß er trotz seiner wenig ansprechenden Predigten eine schlafende Gemeinde wachzurütteln vermochte. Sie konnte seiner Stimme nicht widerstehen. Das Erwachen geschah nach und nach; es kostete ihn eine unermüdliche Arbeit von zehn Jahren, doch war die Umwandlung von Ars nicht zu bestreiten.

Wahrscheinlich werden heutzutage bessere Predigten gehalten. Dennoch bleiben die gegenwärtigen Predigten mit ihren theologischen Abstraktionen oft wirkungslos. Warum dies? Wiederum wird Vianneys Geheimnis für einen kurzen Moment sichtbar, das nicht in Worte zu fassen ist. Wer in Vianneys Predigten Tiefsinn sucht, kommt nicht auf seine Rechnung. Nur gelegentlich war ein Goldkorn darin enthalten. Mit der Zeit änderte er sich, indem er ohne mühselige Vorbereitung frei redete. Namentlich in seinem Katechismusunterricht gab er sich zwanglos. Zunächst war dieser Unterricht nur für die Kinder gedacht, doch später nahmen auch viele Erwachsene daran teil. Vianney las zwei oder drei Fragen aus dem Katechismus vor, beantwortete sie dann selbst und streute einige Erfahrungen in seine Ausführungen ein. Gewiß waren auch dies keine kunstvollen Stunden, und doch war etwas in ihnen enthalten, das die Menschen anzog. Es kam vor allem darauf an, daß *er* es sagte; das unerklärliche Fluidum lag in seiner Person.

Wenn auch die Wirkungen seiner Predigten unerklärlich sind, ist es doch angebracht, nach ihren Quellen zu fragen. Vianney hat zwar nachweisbar abgeschrieben, aber er schrieb nicht nur ab. Er trug auch eigene Einsichten vor. Vor allem war er ein guter Kenner der Heiligen Schrift. Er las viel in ihr und vermittelte sie seinen Zuhörern, wenn ihm auch oft bei seinem freien Zitieren Fehler unterliefen. Die zweite Quelle floß aus einem Heiligenbuch, wie es früher in jeder katholischen Familie anzutreffen war. Die frommen Heiligengestalten waren nicht nach dem Geschmack der heutigen Zeit geschildert, aber darauf kommt es nicht an. Vianney las fleißig in seinem Heiligenbuch, das ihn tief beeindruckte und ihm die nötigen Beispiele lieferte, deren er bedurfte. Seine Predigten wurden dadurch anschaulich und dem einfachen Volk durchaus verständlich. Nie sprach er über die Köpfe hinweg. Der Heilige entzündete sich an den Heiligen. Er lebte mit den Heiligen, gab deren Lebenszeugnisse weiter und hatte das Gefühl, von ihnen angeschaut zu werden.

Von entscheidender Bedeutung war, daß er nie von bloßen Wortgottesdiensten sprach, was eine Minderbewertung verraten würde. Das göttliche Wort stand für ihn auf der gleichen Ebene wie das Sakrament, denn „das Wort ward Fleisch". Sein Hinweis auf „die beiden Tische" bezeugt eine seiner wesentlichen Erkenntnisse. Das Wort war für ihn ein hörbares Sakrament und die Hostie ein sichtbares Wort. Beide haben heiligen Charakter, ergänzen sich notwendigerweise und dürfen niemals gegeneinander ausgespielt werden.

Es geht nicht an, Vianney nur nach seinen Bußübungen und seinen Gottesdiensten zu beurteilen. Ein drittes kommt hinzu: seine tätige Nächstenliebe. Er gründete zunächst eine Mädchenschule und ließ zu diesem Zweck zwei geeignete Personen aus Ars in einer Klosterschule zu Lehrerinnen ausbilden. Vor allem verdient Katharina Lassagne erwähnt zu werden. Sie war neben seiner Mutter und der Witwe Fayot die dritte Frau, die im Leben Viayneys eine Rolle spielte. Katharina stand ihm während ihres ganzen Lebens treu ergeben zur Seite; sie zählt zu den zu Unrecht übersehenen Gestalten und brachte eine beachtenswerte Selbstlosigkeit auf. Nach dem Tode Viayneys schrieb sie ihre „Erinnerungen", die in aller Einfachheit eine wichtige Quelle für die Kenntnis seines Daseins sind. Ferner gründete Vianney ein Waisenhaus, „Providence" genannt, in dem er Kinder von der Straße beherbergte. Damals gab es viele umherstreifende uneheliche Geschöpfe, dies um so mehr, als Napoleons Gesetzgebung verbot, nach der Vaterschaft zu forschen. Der Pfarrer von Ars opferte viel für sein Waisenhaus und bat immer wieder in seinen unbeholfenen Briefen um Geld, wenn er selbst keinen Sou mehr in der Tasche hatte. Was er bekam, floß in das Haus der Vorsehung Gottes. Vianney war der gebende Mensch. Ohne seine tätige Nächstenliebe hätte er auf die Einwohner von Ars nicht einen derart tiefen Eindruck gemacht.

Vianney hat sehr gelitten, als der Bischof die „Providence" in eine Klosterschule umwandelte. Auch Katharina erregte sich darüber, doch Vianney beruhigte sie: „Ich sehe darin nicht den Willen Gottes, aber Seine Eminenz sieht ihn. Wir haben zu gehorchen."[3] Wortlos fügte er sich und bewies damit, daß er auch zu gehorchen verstand.

Vianneys Führung des Pfarramtes war echt christlich und niemals im üblichen Wortsinn bloß amtlich. Dieser Priester lebte wirklich für sein Dorf. Aus diesen Gründen erreichte er die erbetene Bekehrung seiner

Gemeinde. Die Einwohner wandelten sich sichtlich. Nicht nur einzelne Personen änderten sich, nein, das ganze Dorf ohne Ausnahme erlebte eine Umkehr. Die Betrügereien hörten auf, die Kneipen schlossen ihre Türen, eine spürbare Sauberkeit zog ins Dorf ein. Statt der verbreiteten Flucherei falteten die Bauern beim Angelusgeläute die Hände, wie es Millet in seinem bekannten Bild gemalt hat. „Ars ist nicht mehr Ars", konnte Vianney nach zehn Jahren von der Kanzel aus sagen.[4]

Wer über den Pfarrer von Ars ernsthaft nachzudenken beginnt, dem scheint die gegenwärtige pastorale Arbeit immer fragwürdiger zu werden. Dabei ist nicht am guten Willen der Pfarrer zu zweifeln. Der Pfarrgemeinderat arbeitet in Sitzungen ein Programm aus, das so ziemlich alles enthält, was sich an Anlockungen denken läßt. Es ist in bester Absicht verfaßt, läßt aber oft eine fatale Analogie zu einem Unterhaltungsprogramm erkennen und erniedrigt ungewollt den Pfarrer zum Zeremonienmeister der Gemeinde. Diese mannigfachen Veranstaltungen verursachen einen pfarramtlichen Betrieb und hinterlassen gar bald das bittere Gefühl des Leerlaufes, ganz abgesehen von der Wirkung der Massenmedien, die alle Bemühungen überrollt, ehe sie wirklich begonnen haben. Diese Einsicht sollte nachgerade jedem Arbeiter im Weinberg des Herrn aufdämmern. Die jungen Leute bleiben ungeachtet der lautstarken Jazz-Messen in kürzester Zeit wieder fern, die ältere Generation fühlt sich befremdet, das kirchliche Leben wird immer armseliger, und den Pfarrer beschleicht das lähmende Gefühl, auf verlorenem Posten zu stehen. Der Kirche ist nicht durch atemlose Geschäftigkeit zu helfen. Kontemplation hat jeder Aktivität voranzugehen. Die Christenheit bedarf vor allem der Besinnung auf ihre Grundlagen. Die Fundamente müssen neu überdacht werden. Es gilt, neu um den Geist zu flehen und unter seiner Leitung zu handeln. Was dann ein Pfarrer bewirkt, läßt sich freilich äußerlich nicht feststellen, weil es sich größtenteils im Verborgenen abspielt.

Diese Einsicht besaß Vianney bei allem mangelhaften theologischen Wissen. Er hatte sich mit seiner ganzen Persönlichkeit Gott hingegeben und kannte keine Zölibatsfrage, kein Haushälterinnenelend und vor allem keine Glaubenskrise, die die Ursache so vieler Schwierigkeiten ist, die heute auf einem Pfarrer lasten. Nie hat Vianney den Priesterberuf idealisiert. Im Gegenteil, er wurde von seinem Gewicht förmlich erdrückt. Aus seiner Feder stammt der Satz: „Es gibt auf der Welt nichts Unglücklicheres als einen Seelsorger. Womit bringt er die Zeit zu? Damit, anzusehen, wie der liebe Gott beleidigt wird; wie stets sein heiliger Name mißbraucht wird; wie seine Gebote übertreten werden; wie seine Liebe mißachtet wird! . . . Ach, wenn ich gewußt hätte, was ein Seelsorger ist, dann wäre ich, statt ins Seminar einzutreten, eiligst zu den Trappisten gegangen!"[5] Diese Worte haben nichts mit dem üblichen Pfarrergejammer zu tun, aber auch nichts mit klerikalem Stolz. Vianney nahm seinen priesterlichen Beruf ganz ernst, und deswegen hat er wie wenige Geistliche die Last seines Amtes empfunden. Nach ihm kann man als Priester nur weinen über sein Elend.

Er glaubte, der Grund für das Unglück und das Nachlassen der Priester liege im unaufmerksamen Lesen der Messe. Wie die Kleine Thérèse sagte auch er sich bei einer schweren Erkrankung: „In ein paar Minuten wirst du vor Gottes Angesicht stehen, du wirst mit leeren Händen erscheinen."[6] Die Verdiensttheologie löste sich bei Vianney von selbst auf. Nie kann der Mensch vor Gott auf seine Verdienste pochen, immer ist er auf die Gnade angewiesen. Seine Ausführungen über das Pfarrerdasein sind heute aktueller denn je. Seine Worte über die Priester sind wahr: „Was für eine schwere Aufgabe hat auch ein solcher! Die Betrachtung, das Gebet und die innige Vereinigung mit Gott tun dem Priester not! Nun aber lebt der Pfarrer in der Welt; er redet, er treibt Politik, er liest die Zeitungen und füllt mit dem Gelesenen sein Gedächtnis. Er betet sein Brevier, liest die heilige Messe, und er tut das wie etwas Alltägliches. Und dann die Spendung der Sakramente! Ach, wie erschreckend ist es doch, Pfarrer zu sein!"[7] Vianney bebte wirklich vor der priesterlichen Aufgabe zurück. Wem dieses Gewicht noch nie zum Bewußtsein gekommen ist, der ist nicht würdig, Pfarrer zu sein. Auch erschreckte ihn zutiefst die Wahrnehmung, daß von den Millionen Pfarrern auf dieser Erde fast kein einziger heiliggesprochen wurde. Dennoch hat Vianney auf seinem Posten ausgehalten bis zum letzten Tag. Auf dieses „Dennoch" kommt es an, auch in der heutigen Zeit.

Vianney war der Meinung: „Ein Pfarrer darf sich niemals einreden, er könne in seiner Pfarrei nichts leisten, so unfruchtbar auch lange Zeit seine Anstrengungen gewesen sein mögen; sodann darf er niemals denken, mag er auch noch so sehr gearbeitet haben, er hätte genug getan."[8] Erfolg oder Mißerfolg sind keine entscheidenden Fragen. Wer Karriere zu machen wünscht, wählt besser einen anderen Beruf, denn sie verdirbt nur die Seele des Geistlichen. Als einmal ein Pfarrer Vianney klagte, er arbeite in seiner Gemeinde ohne jede sichtbare Wirkung, antwortete er ihm: „Sie haben gepredigt? Haben Sie auch gebetet? Haben Sie auch gefastet? Haben Sie sich gegeißelt? Haben Sie auf hartem Brett geschlafen?"[9] Welch ungewöhnliche Pastoraltheologie spricht aus diesen Sätzen! Sie scheint ungeeignet zu sein für unsere Zeit. Aber ist sie wirklich so unbrauchbar, wie es den Anschein hat? Enthält sie nicht die einzig richtige Anleitung – allem modernen Gerede zum Trotz!

Knien Sie nieder ...

Außer der stellvertretenden Bußübung, dem täglichen
Dienst in der Kirche und der tätigen Nächstenliebe
hatte Vianney noch ein weiteres Mittel zur Bekehrung
seiner Gemeinde eingesetzt: die Beichte. Mit der
Beichtabnahme hatte es bei Vianney eine besondere
Bewandtnis, die man in diesem Zusammenhang mehr
andeuten als ausführen kann. Sie nahm bei ihm eine
Form an, die direkt ins Mysterium führt und daher
kaum eine Erklärung erträgt.

Das Beichthören war ein Teil seiner priesterlichen
Pflichten. Wie es seiner Auffassung entsprach, nahm
er es sehr ernst. Er hatte keinen geschlossenen Beichtstuhl, wie es im deutschsprachigen Raum üblich ist.
Ein unbequemer Stuhl stand bereit, der noch heute in
der alten Kirche in Ars zu sehen ist und den man nicht
ohne Ergriffenheit anschaut. Vianney saß auf diesem
Stuhl, und die Beichtkinder knieten vor ihm nieder
und flüsterten ihm ihre Sünden zu. Er verhielt sich dabei keineswegs routinemäßig. Er war ein strenger, fast
möchte man sagen ein allzu strenger, Beichtvater.
Man spürte seine jansenistische Frömmigkeit. Jedoch
die harten Beichtväter, nicht die allzu nachsichtigen,
haben den Menschen geholfen. Vianney wollte sich

nicht dem Vorwurf aussetzen, er erteile die Absolution zu leicht. Öfter verweigerte er, besonders am Anfang, die Lossprechung, so einem Mädchen nur deswegen, weil es bei der Hochzeit ihrer Schwester getanzt hatte. Die Sünde war für ihn ein religiöses, kein moralisches Vergehen. Sie bestand in der Trennung von Gott. Erst die Beschäftigung mit Alphons von Liguoris Moraltheologie befreite ihn vom starren Rigorismus, ohne daß er deswegen einer leichtfertigen Beichtpraxis verfallen wäre. Er begriff mit seinem Herzen, daß die Menschen sich wegen ihrer Sündennot seinem Beichtstuhl näherten und seinen priesterlichen Beistand begehrten. Gewöhnlich führte er keine langen Beichtgespräche. Wünschte ein Besucher eine eingehendere Aussprache, bestellte er ihn hernach ins Pfarrhaus. Vianney erfaßte intuitiv die Situation seines Beichtkindes und schenkte ihm den geistlichen Zuspruch. Er war von einer wundersamen Strenge: „Mein Freund, hier mein Mittel: ich gebe ihnen eine kleine Buße, den Rest leiste ich selber für sie."[1]

Es ist angebracht, sich Vianneys Verhalten bei der Abnahme der Beichte konkret zu vergegenwärtigen. Man braucht sich dies nicht auszumalen, da zuverlässige Zeugnisse vorliegen. Es geschah, daß er einem in der Kirche stehenden Manne sagte: „Knien Sie nieder und beichten Sie." Der Besucher erklärte ihm, er wolle nur die Kirche anschauen. Dies wollen heutzutage alle Touristen. Sie gehen in den Kirchen herum, als wären es Museen und nicht Gotteshäuser. Vianney aber hatte keinen Sinn für das ästhetische Anschauungsbedürfnis und wiederholte seine Aufforderung: „Knien

Sie nieder und beichten Sie!" Das Merkwürdige geschah. Der Mann kniete gleichsam gegen seinen eigenen Willen nieder und beichtete. Nachdem es geschehen war, empfand er einen seit langem nicht mehr verspürten Frohmut. Ein anderes Mal sagte ein Mann zu Vianney: „Ich komme nicht, um zu beichten. Ich komme, um mit Ihnen zu diskutieren."[2] Auch dies ist gegenwärtig eine Sucht, wenn nicht sogar „eine Krankheit zum Tode". Vianney ging auf dieses Ansinnen nicht ein und antwortete ruhig: „Da sind Sie an die falsche Adresse geraten, ich verstehe nicht zu diskutieren. Aber wenn Sie einen Trost brauchen, knien Sie hier nieder." Er wußte auch, daß Frauen und Männer bei dieser Gelegenheit verschieden behandelt werden müssen. Er sorgte sich gewissenhaft um die Beichtkinder und verlangte manchmal eine Generalbeichte. Dabei sagte er ihnen in vollem Ernst: „Ich bin ein viel größerer Sünder als Sie: haben Sie keine Furcht, sich anzuklagen."[3]

Der Pfarrer von Ars verband auf seinem Beichtstuhl Strenge und Milde, wobei im Laufe der Zeit die Milde mehr und mehr die Oberhand gewann. Er hat hierin eine Entwicklung durchgemacht, eine innere Reifung. Wenn der junge Vianney auch nicht frei von zelotischer Strenge war, so lernte er immer mehr, die Sünder mit den Augen Christi zu betrachten. Der Mensch ist oft ein großes Kind, voller Übermut und Unbesonnenheit. In Vianneys Beurteilung seiner Beichtkinder wurde die Liebe immer wichtiger, ohne daß die Nachsicht zur Nachlässigkeit geworden wäre. Es war ihm daran gelegen, den Sünder aus seiner Sündigkeit herauszureißen. Einem gleichgültigen Menschen sagte er bei der Beichte: „Ich weine, weil Sie nicht weinen."[4] In seinen jungen Jahren war Vianney das Böse unbekannt; er lernte es erst auf dem Beichtstuhl kennen, und dabei wurde ihm klar, daß der Mensch beständig von der finsteren Macht umlauert wird. Um Gottes Barmherzigkeit willen wurde sein Herz weich. Wunderbar zart sagte er: „Ein Mädchen ist noch nicht lasterhaft, weil es einmal gefallen ist. Selbst, wenn es mehrmals gefallen ist ..."[5] Offenbar begriff Vianney, wie stark erotische Versuchungen sein können, und wir fügen hinzu: Warum sprach man früher nur von „gefallenen Mädchen" und nie von „gefallenen Burschen"? Gewöhnlich sind es doch die Männer, die mit ihrer Triebhaftigkeit ein Mädchen verführen. Zu einer unbekannten Frau, deren Mann sich einige Wochen zuvor ertränkt hatte und die mit niemandem darüber zu sprechen vermochte, sagte der Pfarrer von Ars: „Auch zwischen der Brücke und dem Wasser besteht noch ein Moment der Reue." Er besaß eine Gabe der Seelenleitung, die nur aus seinem heiligen Leben zu verstehen ist. Sein Blick vermochte in die Zukunft zu schauen, und daher warnte er auch die Menschen vor bevorstehenden Gefahren.

Vianney besaß – dies war eines der Geheimnisse seines Beichthörens – die Gabe der Herzensschau. Dank seinem übernatürlichen Wissen waren ihm die Menschen durchsichtig geworden; er wußte um ihre Taten aus ihrer Vergangenheit, Dinge, die sie selbst längst völlig verdrängt hatten. Unbekannte Menschen erfaßte er auf den ersten Blick und sagte ihnen Verschwiegenes auf den Kopf zu. Hierüber existieren ungewöhnliche Berichte von Besuchern – nicht von Vianney, der ja an das Beichtgeheimnis gebunden war. Der Heilige scheute sich nicht zu sagen: „Mein Freund, Sie sind verdammt – wenn Sie so bleiben." Und zu einem andern Menschen sagte er: „Ihr Geiz zerrt Ihre Seele in die Hölle. Sie hätten sehr wohl Geld für Almosen übrig, wenn Sie nur wollten." Auch durch frömmelndes Getue ließ er sich nicht täuschen: „Mein Freund, Sie haben Gott und mich lange genug zum besten gehalten." Ja, er scheute sich nicht, einen vor ihm Knienden einen Heuchler zu schelten. Wegen der mystischen Herzensschau standen die Leute Schlange vor seinem Beichtstuhl, und sie mußten unterschiedslos anstehen, ob es nun Bischöfe oder Jäger, Damen oder Dienstmädchen waren. Nur Kranke rief er zuweilen aus der Reihe, um ihre Beichte zu hören. Vianneys Herzensschau läßt sich nicht erklären, auch nicht in einem psychologischen Institut erlernen, sie ist eindeutig ein Charisma, das Gott einigen Heiligen geschenkt hat.

Mit der Zeit ist Vianney in seiner Beichtpraxis milder geworden. Nicht laxer, dies hätte er für Sünde gehalten, aber die Milde Christi lehrte ihn, die Schwachheiten der Menschen zu begreifen. Christi Wort gilt zu allen Zeiten: „Der Geist ist willig, aber das Fleisch ist schwach." Vianney wurde milder gestimmt mit den armseligen Menschen, die stets einer Herde ohne Hirten gleichen.

Begreiflicherweise sprach man bald überall von Vianneys Beichtpraxis. Zunächst beichteten die Bewohner der Nachbargemeinden beim Pfarrer von Ars, und schließlich strömten die Menschen aus ganz Frankreich nach Ars, um bei Vianney zu beichten und die Lossprechung von einem Heiligen zu erhalten. Ein Pilgerstrom ergoß sich nach Ars, an gewissen Tagen wünschten bis zu dreihundert Personen bei Vianney zu beichten, und im Jahr waren es beinahe hunderttausend. Vianney mußte täglich zwölf bis achtzehn Stunden auf seinem Beichtstuhl sitzen und sich das Elend der Menschen anhören. Im Winter war die Kirche eiskalt, und im Sommer war sie wegen der vielen wartenden Menschen zum Ersticken heiß. Nicht umsonst wurde er schon der „Märtyrer des Beichtstuhles" genannt; es war sein Kreuz, das er zu tragen hatte. Oft wurden ihm im Alter die Beine steif. Trotzdem hielt er durch bis zuletzt und kannte keine Schonung. Der Mann, dem man bei seiner Priesterweihe die Erlaubnis zum Beichthören nicht erteilt hatte, wurde zum größten Beichtvater des 19. Jahrhunderts. Er war wirklich ein Seelenkundiger ungewöhnlichen Stils.

Wahrscheinlich wäre in jedem anderen Pfarrer ob des enormen Zustroms die Eitelkeit erwacht. Vianney stieg auch nicht der kleinste eitle Gedanke in den Kopf. Er sah wohl den großen Zustrom, aber er bezog ihn auf Gott und niemals auf seine Person. Er fühlte sich selbst stets als kleiner Wicht, dessen sich Gott bediente, und ein anderes Empfinden kannte dieser demütige Mensch nicht.

Sonderbar bleibt die Tatsache, daß Vianney im Moraltheologie-Examen denkbar schlecht abgeschnitten hat. Natürlich wissen die heutigen Moraltheologen zehnmal mehr als er. Wer wollte dies bezweifeln? Doch ergießt sich das gelehrte Wissen in die dünnen Rinnsale von Abhandlungen, die profunde Wissenschaftlichkeit dartun wollen und höchstens von einigen Fachgenossen gelesen werden. Sie tragen jedoch kaum etwas zu der dringend notwendigen Klarheit für die suchenden oder verwirrten Menschen bei. Der unwissende Vianney dagegen war mit seinem Beichthören imstande, in das verwirrte Dasein der Leute Ordnung zu bringen, was ihm gewöhnlich mit wenigen Worten gelang. Woraus sich diese ganz andere Wirkung erklärt, läßt sich verbal nicht verständlich machen, weil diese Frage wiederum an das große Rätsel des Pfarrers von Ars rührt, das man wohl umkreisen, nicht aber lösen kann. Vianney gibt sein Geheimnis nicht preis – er behält es für sich.

Es wäre wohl wenig sinnvoll, in eine große Ruhmesrede über Vianney als Beichtiger auszubrechen. Dies nützt niemandem etwas. Man müßte eher über die Beichte an sich ernsthaft nachdenken, denn immer über Zwangsbeichten zu reden läuft auf eine Verkennung hinaus. Es mag vielen von sich selbst eingenommenen Bürgern nicht leichtfallen, ihre österliche Pflicht zu erfüllen und sich in den engen Beichtstuhl zu zwängen. Eine Bußandacht kann die Beichte kaum ersetzen, weil sie zu allgemein und zu unpersönlich ist. Die Beichte als das Bußsakrament ist etwas Heiliges. Offenbar bedarf der Mensch einer Gelegenheit, sein Gewissen zu erleichtern, ist doch das Bedürfnis, die seelischen Nöte auszusprechen, unbestreitbar vorhanden. Psychiatrische Sprechstunden, die lediglich auf eine verweltlichte Beichte hinauslaufen, sind dafür kein Ersatz. Gewöhnlich bestätigen die Psychiater ihre Patienten in deren Verhalten, während Vianney das Knien verlangte, was etwas anderes ist, als sich auf die Couch zu legen und Vergangenheitserlebnisse auszugraben. Das Knien ist ein Akt der Demut und will den Menschen zu einer Besinnung über sich selbst anleiten. Inmitten des Stromes der Zeit, des geschäftigen, schnellflüssigen und gedankenlosen Daseins, in dem der Mensch sich so leicht verliert, aus seinen Erfahrungen nichts lernt und darum immer wieder die gleichen Fehler begeht, soll er zu einer inneren Rechenschaft veranlaßt werden. Die Beichte ist Seelentherapie; es geht eine seelische Heilkraft von ihr aus. Keine zergliedernde Analyse ist Vorbedingung, sondern Bußfertigkeit und Neuanfang. Dies wird erreicht, weil in der Beichte das Wort ‚Vergebung' ausgesprochen wird. Die Absolution fehlt in der psychiatrischen Sprechstunde, und gerade darin besteht deren grundsätzlicher Unterschied zur Beichte. Christus hat gesagt: „Dir sind deine Sünden vergeben", ein Wort, das die Pharisäer als Ärgernis empfanden. Wer kann Sünde vergeben außer Gott, meinten sie. Christus aber hat das Amt des Bindens und Lösens seinen Jüngern übertragen, und deswegen darf Sündenvergebung ausgesprochen werden. Der Priester tut es im Namen Christi. Ohne die Vergebung werden die Menschen seelisch krank und leiden an psychischen Störungen. Vianney vermittelte die Vergebung glaubhaft, und darum umlagerten die Menschen seinen Beichtstuhl Tag und Nacht. Der Pfarrer von Ars ohne Beichtstuhl wäre wie ein Bild ohne Rahmen. Ist das eine katholische Bewertung der Beichte? Ja, aber der evangelische Pfarrer Johann Christoph Blumhardt hat ähnlich gedacht. Man muß religiös und nicht konfessionell über die Beichte nachdenken.

Vianney ließ als Beichtvater sowohl Strenge als Milde walten. Beides ist notwendig. Unser außer Rand und Band geratenes Geschlecht bedarf, wie die damalige Zeit, vor allem der Strenge. Das bekannte Wort „alles verstehen heißt alles verzeihen" bedeutet in Wirklichkeit überhaupt nichts verstehen. Wir bewältigen die wachsende Zerfahrenheit und das sittliche Fehlverhalten nur durch eine ganz neue Strenge. Alles andere vergrößert nur die Verwirrung. Das erkannte Vianney mit scharfem Blick. Allein, es darf nicht eine Strenge um der Strenge willen sein. Diese würde nur eine Gegenbewegung zur Folge haben. Der christliche Ernst geht aus der Liebe hervor und will einzig die Umkehr des Menschen, nichts anderes. Nur die aus der Liebe diktierte Strenge hilft. Diese Einsicht erhebt den Pfarrer von Ars zu dem ganz großen Therapeuten. Von ihm stammt das nicht auszulotende Wort: „Niemals ist jemand verdammt worden, weil er zuviel gesündigt hätte ... Unsere Sünden sind wie ein Sandkörnchen vor der übergroßen Barmherzigkeit Gottes ..."[6]

Trübe Erfahrungen

Es wäre falsch, anzunehmen, die Umwandlung in Ars sei ohne Störung verlaufen. Vianney erlebte viele Unannehmlichkeiten. Zunächst hatte er unter der Gehässigkeit der Gastwirte zu leiden. Schmähbriefe trafen ein, Spottlieder wurden auf ihn gedichtet und Pfeifkonzerte vor seinem Hause veranstaltet. „Wie ärgerlich, daß dieser Pfarrer von Ars das Gleichgewicht unseres 19. Jahrhunderts stört", erklärte ein auswärtiger Bürger. Vianney ließ die Menschen über ihn reden, was sie wollten, und brachte sie auf diese Weise zum Schweigen.

Eine andere Schmähung traf ihn viel stärker. In den außergewöhnlichen Zustrom zu Vianneys Beichtstuhl mischten sich auch viele Leute aus der näheren und ferneren Umgebung von Ars. Sie beichteten bei Vianney und mieden offenbar den Pfarrer ihres Dorfes, was den Neid der Amtsbrüder hervorrief. Von der Brüderlichkeit, die bei der Konzelebration in einer symbolischen Umarmung Ausdruck findet, bleibt oft herzlich wenig übrig. Es steckt ein Körnlein Wahrheit in dem bösen Sprichwort, daß Gott den Menschen erschaffen und der Teufel den Kollegen nachgebildet habe. Jedenfalls mußte der Pfarrer von Ars in dieser Hinsicht viel Bedrückendes erfahren.

Die benachbarten Pfarrer fragten unwillig, wer denn dieser Pfarrer von Ars sei? Das war doch der Dümmste im Seminar gewesen, der Mann, der weder dem Philosophie- noch dem Theologie-Unterricht zu folgen vermochte. Auch war er in der Prüfung durchgefallen, und die Weihe hatte er nur wegen des großen Priestermangels erhalten. Lästerzungen hetzten die Leute von Ars auf und spotteten, er mache sie schließlich noch zu Kapuzinern. Auf den Kanzeln der Umgebung wurde oft nicht mehr das Evangelium gepredigt, sondern man ereiferte sich über den sonderbaren Pfarrer von Ars. Dies alles ertrug er, ohne verbittert zu werden; er sagte einmal: „Mein ganzes Leben hindurch bin ich schlecht behandelt worden und habe mich wohl dabei gefühlt."

Dazu kam noch ein zweiter Stein des Anstoßes. Nachdem die Revolutionswirren längst verklungen waren, legte Kardinal Fesch Wert auf ein würdiges Auftreten der katholischen Geistlichkeit. Die Priester sollten in schwarzer Kleidung mit Schnallenschuhen und gepudertem Haar einhergehen, um ihre Zugehörigkeit zum bürgerlichen Stand zu dokumentieren. Wie aber kam Vianney daher? Er trug eine abgewetzte, oft geflickte Soutane. Man mußte sich beinahe schämen, mit ihm auf der Straße zu gehen. Er selbst kam sich bei den priesterlichen Zusammenkünften wie ein Dorftrottel vor, verstand er es doch keineswegs, die pfarrherrliche Würde zur Schau zu tragen. Nach der Meinung seiner Mitbrüder gereichte er dem Stand der Geistlichkeit zur Unehre.

In dieser Weise dachten seine lieben Amtsbrüder.

Sie dachten es nicht nur, nein, sie schrieben es ihm auch: „Wenn jemand sich so wenig in der Theologie auskennt wie Sie, dürfte ihm nicht verstattet sein, im Beichtstuhl zu sitzen." Vianney bekam mehrere Briefe dieser Art zugesandt. Wie wirkten sie auf ihn? Natürlich bedrückten sie ihn. Doch ließ er sich von ihnen nicht verbittern. Er dachte nicht einmal daran, daß es wohl der nackte Neid war, der aus solchen unflätigen Zeilen sprach. In aller Einfalt ließ er sich das Gesetz seines Handelns nie von seinen Feinden vorschreiben.

Vianney antwortete auf einen dieser Schmähbriefe: „Mein inniggeliebter und sehr verehrter Mitbruder! Wieviel Grund habe ich, Sie zu lieben! Sie sind der einzige, der mich wirklich kennt. Da Sie so gut und lieb sind, daß Sie sich sogar meiner armen Seele annehmen, so helfen Sie mir doch, eine schon längsterflehte Gnade zu erwirken. Ich möchte nämlich von einem Posten, dessen ich infolge meiner Unwissenheit nicht würdig bin, versetzt werden und mich in einen stillen Winkel zurückziehen, um dort mein armes Leben zu beweinen."[1] Der pfarrherrliche Empfänger des Briefes sah beschämt sein Unrecht ein, eilte zum Pfarrer von Ars, kniete vor ihm nieder und bat um Verzeihung.

Nicht alle Kollegen besaßen diese Größe. Das Unerträglichste mußte sich Vianney von seinem eigenen Vikar gefallen lassen. Dieser war ihm zur Hilfe beigegeben worden, hatte statt dessen aber den Ehrgeiz, an seine Stelle zu treten. Der junge Vikar arbeitete gegen ihn, widersprach ihm auf der Kanzel und machte ihm das Leben schwer. Die Dorfbewohner nahmen Anstoß am herrischen Benehmen des Anfängers und verlangten seine Abberufung. Vianney betrachtete den Vikar als ein Kreuz, das ihm der Herr auferlegt habe und das er nicht abwerfen dürfe. Erst in seinen letzten Jahren wurde er vom rüpelhaften Raymond befreit und erhielt einen anderen Vikar.

Das Verhalten des Pfarrers von Ars war durch sein klares Bewußtsein, kein kluger Mensch zu sein, bestimmt. Er besaß jedoch nicht die gleiche Klarheit über seine Stärke, die auf einem ganz andern Gebiet lag. Er dachte von sich selbst, er sei ein dummer Mensch, und unternahm auch nie den geringsten Versuch, dies zu bestreiten.

Warum besaß er ein so geringes Selbstbewußtsein? Von Minderwertigkeitsgefühlen kann man nicht sprechen, weil diese gewöhnlich mit einem Mangel an Demut zusammenhängen. Einmal wurde Vianney ein mystisches Erlebnis zuteil, dem man in der Geschichte der Mystik selten begegnet. Theresia von Avila bekam in einer mystischen Versenkung die Schönheit der menschlichen Seele zu sehen und geriet darob in helles Entzücken. Es wäre falsch, anzunehmen, daß alle mystischen Erlebnisse im Menschen Hochgefühle auslösen. Vianneys mystisches Erlebnis bestand darin, daß Gott ihm sein eigenes Nichts zeigte. Dies ist höchst eigenartig und kaum faßbar. Vianney fühlte sich vom Anblick des eigenen Nichts völlig vernichtet. Wenn noch ein Funken von Selbstgefälligkeit in ihm gewesen wäre, dann hätte dieses geheimnisschwere Erleben ihn gänzlich ausgelöscht. „Diesen Anblick meines Nichts habe ich achtzehn Monate hindurch gehabt. Weil ich aber in Angst war, er möchte mich schließlich zur Mutlosigkeit führen, so bat ich Gott, ihn mir wieder zu nehmen, was er auch wirklich tat!"[2] Wegen dieses Erlebnisses dachte Vianney dauernd, er sei die erbärmlichste Kreatur, die auf Gottes Erdboden lebe. Nach dem Urteil der Feld-Wald-und-Wiesen-Psychologie stimmte offenbar etwas bei Vianney nicht. Es gibt in der Geschichte der Mystik überaus merkwürdige Vorkommnisse, von denen die Schulweisheit nichts ahnt und mit denen sich näher zu beschäftigen überaus bekömmlich ist für die eigene Seelenarbeit. Dies erfuhr auch Vianney selbst. Katharina Lassagne sagte einmal: „Der Herr Pfarrer war in seinen Augen so klein, so nichtig und unbedeutend, daß es dem Heiligen Geist gefallen hat, diese Leere mit einer Überfülle von wunderbarem Licht auszufüllen."[3] Deswegen vermochte er die Schmähbriefe seiner Mitbrüder hinzunehmen, ohne diesen gram zu werden, und deswegen machte ihn auch der starke Andrang zu seinem Beichtstuhl nicht stolz. Das Erleben der eigenen Nichtigkeit ließ nicht die geringste Wallung in der Richtung eines starken Selbstbewußtseins aufkommen.

Es mußte in diesem Zusammenhang von den trüben Erfahrungen mit seinen Mitbrüdern berichtet werden. Doch wäre es unrichtig, wenn man nicht auch das Ende der Geschichte erzählen würde. So geringschätzig sie ihn auch in den ersten Jahren behandelt hatten, Vianney überwand ihren Neid und ihr Unverständnis durch seine Demut. Einer nach dem andern überzeugte sich von der Heiligkeit des unbegabten Pfarrers von Ars und beugte sich stillschweigend vor ihr. Nach dem Tode Vianneys schritten an die dreihundert Priester hinter dem Leichenwagen einher und bekundeten damit ihre Verehrung für den Verstorbenen.

Unter ihnen befand sich auch sein Bischof. Er hatte stets treu zu Vianney gehalten. Als einst einige Geistliche Vianney der Narrheit bezichtigten, antwortete ihnen Bischof Devie: „Ich wünschte meinem ganzen Klerus ein Körnchen von dieser Narrheit."[4] Auf jede Anschuldigung pflegte er ruhig zu sagen: „Der Pfarrer von Ars ist zwar nicht gelehrt, doch ist er erleuchtet."[5] Damit ist die Existenz Vianneys auf eine kurze Formel gebracht. Besser könnte man es nicht mehr ausdrükken. Sein Geheimnis ist beim Namen genannt. Es wirkt noch rätselhafter, weil von vielen Pfarrern das gegenteilige Wort gilt: Sie sind nicht erleuchtet, aber gebildet, oft vollgestopft mit Theologie wie eine Pfeife mit Tabak. Was das Bedeutsamere ist, steht außer Diskussion. Dann gibt es noch eine große Anzahl von Pfarrern, die weder gebildet noch erleuchtet sind. Was soll man von ihnen sagen? Man empfiehlt sie am besten der Gnade Gottes, die ihnen hilft, mit ihrem Weder-Noch doch noch etwas Gutes zu tun.

Das Geheimnis um Philomena

Von Vianney wird noch eine weitere Unbegreiflichkeit berichtet. Nicht erst nach seinem Tode bewirkte er Wunder, wie der Kanonisationsprozeß sie verlangt, um zur Heiligsprechung zu schreiten. Schon zu seinen Lebzeiten geschahen durch Vianneys Hand seltsame, in aller Stille vollbrachte Dinge, die seinen nahen Helfern nicht entgingen.

Es wird erzählt, im „Vorsehungsheim" habe es einmal an Weizen gemangelt. Von den Bauern durfte Vianney keine Hilfe erwarten, da die Ernte schlecht ausgefallen war. Obwohl nur noch wenige Weizenkörner auf dem Dachboden lagen, sagte Vianney zu seiner Schulköchin: „Geh und räum den Rest des Weizens in der Dachstube zusammen." Kopfschüttelnd begab sie sich hinauf und fand zu ihrem größten Erstaunen den Dachboden voll von Weizen.

Ähnliches wiederholte sich einige Zeit danach: Wiederum klagte die Köchin, das Mehl reiche nur noch für drei Laibe Brot. Der Pfarrer ließ sich von ihrer Klage nicht beeindrucken, sondern befahl, das wenige Mehl in die Rührschüssel zu schütten und mit der Arbeit zu beginnen. Als sie Wasser hinzufügte, war plötzlich genug Teig für zehn große Brote vorhanden.

Vianney war darob keineswegs erstaunt, jedenfalls verhielt er sich so, als ob er es nicht anders erwartet hätte.

Ein ebenso unerklärliches Wunder wird von einem Knaben berichtet: Das stumme Kind begann plötzlich in Vianneys Gegenwart zu reden. Obwohl Vianney gar nicht auf körperliche Heilungen bedacht war, geschahen in seiner Nähe Krankenheilungen. Es kam vor, daß ein lahmer, sich auf seine Krücken stützender Mensch von einem Moment auf den andern normal gehen konnte. Mehrere Zeugnisse dieser Art liegen vor und trugen natürlich nicht wenig zum Ruhm des Pfarrers von Ars bei. Die Wunder sind nicht aus seinem Leben wegzudenken, wenn sie auch keiner näheren Prüfung unterzogen wurden. Die christliche Haltung Vianneys zeigt sich darin, daß er von diesen Geschehnissen keinerlei Aufhebens machte. Er richtete kein Büro ein zur Überprüfung dieser Vorkommnisse. Vianney glaubte an Wunder, und deswegen erlebte er auch Wunder, obschon er nie daran dachte, er könne Wunder bewirken. Er schrieb diese Ereignisse nicht seiner Wirksamkeit zu, war er doch von seiner Bedeutungslosigkeit durchdrungen. Auch der Gedanke an magische Kräfte lag ihm fern. Von solchen Praktiken wollte dieser lautere Mensch nichts wissen.

Er glaubte eher, die heilige Philomena, von der er während seiner Vikariatszeit in Ecully erstmals etwas vernommen hatte, habe solches bewirkt. Wenn Kranke zu ihm gebracht wurden, legte er ihnen nicht die Hand auf, sondern sagte zu ihnen: „Geht und betet vor dem Altar der heiligen Philomena". Er war von einem unbegrenzten Vertrauen zu ihr erfüllt und schrieb alle Wunder ihr zu. So wird es in jeder Biographie über Vianney berichtet. Keine einzige Darstellung des Pfarrers von Ars macht hierin eine Ausnahme.

Wir befinden uns heute in dieser Beziehung in einer etwas seltsamen Situation. Ob wir wollen oder nicht, müssen wir doch fragen: Wer war diese Philomena, die für Vianney eine so starke, helfende Kraft ausströmte?

Im Jahre 1802 stieß man bei Ausgrabungen in den römischen Katakomben auf einen eigenartigen Grabstein. Man schrieb die darunter liegenden Gebeine der heiligen Philomena zu und trug sie zur Verehrung in eine Kirche, worauf sich einige wunderbare Krankenheilungen ereigneten. Hierauf wurden Privat-Offenbarungen über das Leben der neuen Heiligen in Umlauf gebracht, nach denen Philomena die Heiratsanträge des Kaisers Diokletian ausgeschlagen habe. Ihre Weigerung habe sie mit ihrem jungen Leben bezahlen müssen. Die Bücher über Philomena, die in der ersten Hälfte des 19. Jahrhunderts erschienen sind, können wegen ihrer Naivität von heutigen Menschen nicht mehr gelesen werden. Damals wurde jedoch die wundertätige Philomena in Italien und Frankreich sehr verehrt. Vianney teilte diesen Glauben und ließ in seiner Kirche einen Altar zur Verehrung der Heiligen errichten. Er stand in einem mystischen Freundschaftsverhältnis zu ihr und glaubte auch, sie einmal in einer leuchtenden Wolke gesehen zu haben.

Nun hat vor einigen Jahren die historische Forschung behauptet, es sei bei der vermeintlichen Auffindung der Gebeine der Philomena eine Verwechslung unterlaufen. Man wisse über diese Philomena gar nichts, und es sei eine Frage, ob sie überhaupt gelebt habe. In Rom hob man daraufhin das Fest der Philomena wieder auf.[1] Man gedachte ihrer fortan nicht mehr, weswegen es heute still um sie geworden ist.

Die neuen Feststellungen gestatten nicht, einfach wortlos über Philomena hinwegzugehen. Wie kann eine Heilige, die gar nicht existiert hat, Wunder tun? Ist Vianney wegen seiner unkritischen Veranlagung einfach einer naiven Gutgläubigkeit zum Opfer gefallen? So leichtgläubig war er nicht, sagte er doch im Zusammenhang mit den damals heftig umstrittenen Marien-Visionen von La Salette nach einem Gespräch mit dem Knaben: „Wenn wahr ist, was mir dieser Junge gesagt hat, dann hat er die Heilige Jungfrau nicht gesehen."[2]

Es ergibt sich eine offenkundige Verlegenheits-Situation – statt sie zu vertuschen, hat man sie freimütig zuzugeben. Steht aber das Ergebnis einer wissenschaftlichen Forschung außer jedem Zweifel? Dies darf man wohl auch fragen. Die Wissenschaft arbeitet weitgehend mit Hypothesen. Auch wenn die drei Verschlußziegel ursprünglich zu einem anderen Grab gehörten und die Zeichen Palme, Efeu und Pfeil keinen Symbolwert für ein Martyrium haben, ist dies noch kein unumstößlicher Beweis. Oder ließ sich die Ritenkongregation trotz aller Vorsicht, mit der sie sonst zu arbeiten pflegt, von einer unnötigen Konzession an das aufgeklärte Zeitbewußtsein leiten, ähnlich wie sie es getan hat, als sie Heilige wie Georg, Christophorus usw. auf die hinteren Ränge verwies? Darf man Menschen zur Ehre der Altäre erheben und sie dieser Ehre wieder entheben, je nach den jeweiligen Zeitumständen? Wird durch dieses Vorgehen nicht die ganze Institution der Heiligsprechung fragwürdig? Nicht alle Beschlüsse der Kurie sind über jeden Zweifel erhaben. Es gibt auch dort verschiedene Meinungen. Manchmal sind einzelne Vertreter von einem Rationalismus angekränkelt. Die Situation ist peinlich und darf auf keinen Fall verwischt werden. Mit einer „frommen Lüge" ist niemandem geholfen. Glückselig die früheren Biographen, die von diesen Schwierigkeiten noch nichts wußten.

Philomena zählt zu den legendären Heiligen, deren es viele gibt und die keineswegs eine überhebliche Geringschätzung verdienen. Die legendären Heiligen sind keine bloß erfundenen Gestalten. Ein solcher Argwohn ist eine kurzschlüssige Annahme, die dem Problem nicht gerecht wird. Wir wissen von ihnen nichts Näheres, und deswegen wurde das Leben Philomenas phantasievoll ausgeschmückt. Der Sinn der Legende ist stets bedeutsamer als die Frage nach der geschichtlichen Existenz.

Ähnlich wird es sich bei Philomena verhalten. Aller Wahrscheinlichkeit nach war sie eine frühchristliche Märtyrerin, die ihre letzte Ruhestätte in den Katakomben gefunden hat. Was immer von ihrem jugendlichen Leben erzählt wird, ist historisch nicht bezeugt. Man berief sich auf fragwürdige Privatoffenbarungen zweier Zeugen aus dem 19. Jahrhundert, die freilich wenig Originalität verraten. Trotzdem ist nicht zu bestreiten, daß die Gestalt der Heiligen Glauben zu entzünden vermochte. Der Pfarrer von Ars glaubte fest an sie und war hierin besser beraten als die modernen Kritiker, die wieder einmal mit ihrer Methode bei einem bloß negativen Resultat angelangt sind.

Wie dem auch sei, Philomena bleibt in ein Geheimnis eingehüllt, das nicht gelüftet werden kann. Man braucht keiner Geheimniskrämerei zu huldigen, um vom Mysterium der Geschichte überzeugt zu sein. Von all dem, was in der Geschichte geschehen ist, begreifen wir stets nur einen kleinen Teil und selbst den immer nur nach unserem begrenzten Verständnis. Der größere Teil entzieht sich unserer Kenntnis. Geschichtliche Wahrheiten blitzen vor unseren Augen auf und erlöschen im selben Moment wieder. Wir sehen auch hierin nur in einen dunklen Spiegel. Aus dem Geheimnis der Geschichte geschahen die Wunder in Ars, die rational unerklärbar sind, sonst wären es keine Wunder. Deswegen stehen wir auch in dieser Frage auf der Seite Vianneys und nicht auf jener der Bestreiter der Philomena – wir möchten lieber mit ihm unrecht haben als mit diesen recht.

Vom Teufel besucht

Im Leben Vianneys spielten sich verschiedene Ereignisse ab, die mit der gewöhnlichen Betrachtung der Dinge im Widerspruch stehen. Sie können unmöglich in das moderne Weltbild eingeordnet werden. Einige Rätsel wurden schon erwähnt. Die unheimlichsten Vorkommnisse ereigneten sich später. Zunächst versuchte Vianney, die Geschehnisse natürlich zu erklären – er dachte an Diebe –, bis er sich der metaphysischen Deutung nicht mehr verschließen konnte.

Es begann an einem Abend. Der Pfarrer von Ars befand sich schon auf seinem dürftigen Lager, als er – eine schreckliche Vorstellung – vom Teufel besucht wurde. Tatsächlich besucht? Ja, wirklich besucht, und zwar nicht nur im Sinn einer gelegentlichen, modern ausgedrückt okkulten, Erfahrung. In einem solchen Fall lohnte es sich nicht, davon zu reden. Es blieb nicht bei dem einmaligen Besuch, nein, der Teufel kam allabendlich. Man kann es nicht anders sagen: Der Teufel war in das Leben Vianneys eingetreten und jagte ihm Furcht und Schrecken ein. Vianney selbst hat Katharina Lassagne von diesen Ereignissen erzählt, die darüber ein Tagebuch führte.

Der Teufel begann damit, sich während der Nacht an den Vorhängen des Fensters zu schaffen zu machen. Plötzlich war ein Reißen und Zerren zu hören. Vianney stand auf, in der Meinung, Ratten seien am Werk. Er schüttelte an den Vorhängen, aber er nahm nichts wahr. Er kehrte wieder zu seinem Lager zurück, doch kaum hatte er sich hingelegt, begann das Reißen und Zerren von neuem. Am Morgen hingen die Vorhänge wie gewöhnlich da.

Sobald Vianney die Augen schloß, begann der Lärm. Es hämmerte gegen die Türe, gellende Schreie ertönten, dröhnende Schläge waren zu hören, Stuhl und Schrank bewegten sich, und das ganze Haus bebte. Eine eiskalte Hand fuhr ihm über das Gesicht, und er vernahm die entsetzliche Stimme: „Vianney! Vianney!... Du Kartoffelfresser! Ah, du bist noch nicht tot!... Ich werde dich schon kriegen!"[1] Der Pfarrer blieb tapfer, schlug das Kreuzeszeichen und sagte nur: „Dummer, alter Satan."

Der Teufel fuhr fort, den Pfarrer zu verhöhnen und zu beschimpfen. Dann begann abermals der Höllenlärm, Fledermäuse flogen um Vianneys Haupt, Bienen summten, Schafe blökten, Hunde winselten, Bären brummten, Schweine grunzten. Es war, als ob die skurrile Welt des Hieronymus Bosch leibhaftig auferstanden wäre; Vianney lag wie ein zweiter Antonius von Ägypten auf dem Bild von Mathias Grünewald hilflos da. Die abgrundtiefe Hölle hatte sich vor ihm aufgetan, und er sah sich ihrem Schrecken gegenüber. Es war ein wirklicher, niemals ein eingebildeter Kampf mit dem Teufel: „Ich habe ihn nicht gesehen, doch er hat mich mehrmals gepackt und aus dem Bett geschleudert", gestand der arme Landpfarrer wörtlich.

Dies wiederholte sich Nacht für Nacht, und zwar jahrelang, fast bis zu Vianneys Ableben. Man stelle sich die Situation konkret vor: Der Pfarrer von Ars lag auf seinem kümmerlichen Lager, er bedurfte nach seiner anstrengenden Tagesarbeit dringend der Nachtruhe, und kaum lag er im Finstern, begann der dämonische Lärm mit den hämischen Zurufen, die er nicht zu verbieten vermochte. Während langer, banger und schlafloser Nächte starrte Vianney erschöpft ins Dunkle. Sie sind ein Bestandteil seines Daseins, das in seiner Düsternis gewöhnlich zuwenig beachtet wird.

Vianney bildete sich keine phantastischen Geschichten ein. Auf seinen Wunsch übernachteten Dorfbewohner in seinem Pfarrhaus; sie hatten sich mit einem Gewehr bewaffnet, doch den Teufel kann man nicht erschießen. Einige vernahmen gleich ihm die unheimlichen Geräusche, andere wiederum hörten nichts.

Die Berichte über die nächtlichen Besuche des Teufels sind in allen Biographien über Vianney nachzulesen. Keine läßt sie aus. Meistens werden sie kommentarlos wiedergegeben. Wir können uns diese Neutralität nicht leisten; von uns wird eine Reflexion gefordert.

Natürlich reagiert der Mensch der Gegenwart zunächst mit Skepsis. Sie ist nicht unangebracht. Viele abergläubische Geschichten wurden erzählt, die sich als unwahr erwiesen haben. Glaube heißt nie und nimmer Leichtgläubigkeit. Vorsicht und Zurückhaltung sind deshalb durchaus am Platz.

Der heutige Mensch ist von den nächtlichen Teufelsbesuchen bei Vianney unangenehm berührt, sie passen nicht in sein aufgeklärtes Weltbild. Man kann dies durchaus verstehen. Hat er sich aber von seinem Unbehagen erholt, redet er von Köhlerglauben oder von Gehörhalluzinationen des überarbeiteten Pfarrers. In dieser Weise erklärten sich auch dessen geistliche Mitbrüder die Vorkommnisse, behaupteten, Vianneys Nervensystem sei angegriffen, er esse und schlafe zuwenig und sehe deshalb nachts Gespenster. Und der moderne Mensch ist schnell bereit, derartiges bei den okkulten Phänomenen einzuordnen. Der Okkultismus gehört zu den gegenwärtigen Ersatzreligionen dürftigen Charakters, die das unterdrückte metaphysische Bedürfnis des Menschen ein wenig kitzeln. Für die Leute von heute gibt es keinen Teufel mehr. Ja, sie lachen über eine solche Vorstellung und finden, derartig hinterwäldlerische Ansichten dürften niemandem mehr zugemutet werden. Macht euch nur lustig, ihr ahnungslosen Gesellen! Ihr habt mit eurer Ironie und eurer Freigeisterei, mit euren Frauengeschichten und eurem Strebertum noch nie den leisesten Einbruch von metaphysischen Mächten erfahren. Ihr werdet es auch nie mit den Hintergründen des Lebens zu tun bekommen, denn dafür watet ihr allzusehr in den seichten Wassern. Ganz anders ist es bei den Heiligen, die es mit unsichtbaren Kämpfen zu tun hatten, doch diese beginnen dort, wo eure Vernünftelei aufhört.

Die nächtlichen Teufelsbesuche beim Pfarrer von

Ars verlangen eine behutsame Deutung. Über ein vorsichtiges Tasten wird man kaum hinauskommen. Alles, was Vianney erlebte, überschreitet unseren Erfahrungskreis bei weitem. Die überraschenden Teufelsbesuche fallen ganz und gar aus dem Rahmen unseres wissenschaftlichen Jahrhunderts heraus.

Zunächst sei bemerkt, daß die Teufelsbesuche nicht so singulär sind, wie sie im ersten Moment zu sein scheinen. Zur gleichen Zeit wurde in Möttlingen, einem Dorf in Süddeutschland, der lautere evangelische Pfarrer Johann Christoph Blumhardt, ohne es zu wollen, in einen Kampf auf Leben und Tod mit dem Satan hineingezogen, den er nur zu bestehen vermochte, weil er von den Dämonenaustreibungen des Herrn überzeugt war. In der klassischen Biographie von Friedrich Zündel über Blumhardt ist dies ebenso wahrheitsgetreu wie atemberaubend geschildert. Blumhardts eigener Rechenschaftsbericht bestätigt Wort für Wort das ungewöhnliche Geschehen. Die Parallele mit Vianneys Erfahrungen ist erstaunlich; sie sind ähnlich und doch nicht gleich, was für die Unabhängigkeit beider Männer spricht. Keiner wußte um das Erleben des andern, und jeder war mit dem Teufel handgemein geworden. Der Pfarrer von Ars drückte es beinahe scherzend aus: „Inzwischen sind Satan und ich beinahe wie alte Kameraden" – damit wich er vor dem Menschenmörder keinen einzigen Schritt zurück.

Vianney war ein Heiliger und lebte in der eucharistischen Gewißheit: „Er ist da". Viele Heilige, die in der Nähe Gottes atmeten, versuchte der Widersacher zu stören. Vianney steht in diesen Erfahrungen nicht allein da. Wird der Teufel aus Angst vor dem modernen Bewußtsein verschwiegen, ist der Erzähler sich selbst untreu geworden. Es geht nicht an, die nächtlichen Teufelsbesuche mit Vianneys schwachen Nerven und seiner Unterernährung erklären zu wollen. Mit solchen banalen Überlegungen geben sich die Aufklärer zufrieden. Ihnen fehlt die Tiefendimension.

Andererseits hat Vianney den Teufel wohl gehört, ihn aber nie gesehen. Nirgends findet sich eine Schilderung über das Aussehen Satans. Auch waren es keine Ratten, die über sein Gesicht huschten, sondern es war der „Teufel in Rattengestalt", wie sich der Pfarrer von Ars selbst ausdrückte. Darum vermochte er auch nie, eine solche Ratte zu fassen. Wäre ihm dies geglückt, wäre es nicht der Teufel gewesen. Der Teufel ist ein irreal-reales Wesen. Gerade in dieser Widersprüchlichkeit besteht sein Wesen im Unterschied zu Gottes eindeutigem Sein. Wir müssen endlich Geister auch geistig und nicht sinnlich verstehen, und wenn wir sie uns bildlich vorstellen, dürfen wir keinen Augenblick vergessen, daß es immer ein unzulängliches Bild bleibt.

Entscheidend ist, wie Vianney den nächtlichen Besucher verstand. Daß es der Teufel war, davon war er schließlich fest überzeugt. „Ich kam zur Überzeugung, es ist der Teufel, weil ich Furcht empfand. Der liebe Gott flößt keine Angst ein"[2], sagte Vianney später zu seinem Bischof, eine wahrhaft hellsichtige Erkenntnis. Zugleich gestand er, daß es nur ein Mittel gebe, um mit dem Teufel fertig zu werden, und dies bestehe darin, ihn zu verachten. Mit christlichem Mut behandelte er ihn zuletzt als einen verächtlichen Gesellen. Dazu war Vianney befähigt, weil er wußte, daß es sich trotz aller Raserei letztlich um einen in die Knie gezwungenen Teufel handelt. Noch zischt er mit seiner Feuerzunge, aber für den christlichen Menschen ist es ein eingezwängter Teufel, der schon heute Gott untertan ist.

Für den Pfarrer von Ars waren die Teufelsbesuche alles andere als eine bloße Kuriosität. An solchen Dingen war sein ernsthafter Geist nicht interessiert. Er brachte die Teufelsanfechtungen mit seiner Rettung der Seelen in Zusammenhang. Sie sollte durch die teuflischen Belästigungen verhindert werden. Nach Vianney standen hier Göttliches und Teuflisches einander gegenüber. Die Teufelsbesuche waren – ähnlich den mystischen Phänomenen – innere Erlebnisse, die so wirklich sind wie die äußeren Geschehnisse. Der Teufel ist ein negatives Faktum, der Gegenpol zur lichtvollen Engelwelt. Er entzieht sich jeglichem menschlichen Vorstellungsvermögen. Aber er ist vorhanden und ist im Leben allenthalben wirksam. Die Heiligen haben nicht gegen Phantome gekämpft – sie rangen mit den Mächten. Ihre Berichte sind ernst zu nehmen. Gewiß erzählen sie unerklärliche Dinge, für die uns die Begriffe fehlen. Darum können wir nicht richtig über sie reden. Unsere Worte genügen nicht; die Phänomene deswegen zu bestreiten ist jedoch noch unrichtiger. Wir erinnern uns der Symbole, die ihre Wirklichkeit andeuten und die nicht unserer schwächlichen Verteidigungskünste bedürfen. Die dämonischen Realitäten bedrängen unablässig den Menschen. Haben wir immer noch nicht gemerkt, daß auch scheinbar begreifliche Geschehnisse im Grunde unbegreiflich sind und in der Tiefe des Lebens alles unfaßlich wird?

Nächtliche Gedanken

Im Leben des Pfarrers von Ars gibt es immer wieder neue Vorkommnisse, auf die man nicht vorbereitet ist. Dazu gehört vor allem die seltsame Angst. Ihm war nicht nur von Zeit zu Zeit angst und bange, sondern er wurde zuweilen von der Angst förmlich geschüttelt. Es war keine unbestimmte Angst, denn Vianney vermochte sie durchaus zu benennen. Ihn plagte der Gedanke, vor dem Anspruch Gottes nicht genügen zu können. Er stöhnte unter dieser beklemmenden Angst, die ihn in gewissen Stunden der Verzweiflung auszuliefern drohte. Vianney sprach von der „Versuchung der Verzweiflung" und nannte damit das Problem beim richtigen Namen. Tatsächlich nahmen Angst und Verzweiflung einen breiten Platz in seinem Leben ein. Verzweiflung ist, was fromme Gemüter selten verstehen, eine Bestimmung des Geistes und gerade deswegen eine ohnmächtige Selbstverzehrung. Die Angst zeigt sich gewöhnlich nicht in der Öffentlichkeit; viele Menschen aber leiden im Verborgenen an ihr, oft ohne sich darüber Rechenschaft zu geben.

Wie soll man die Vianney immer wieder heimsuchende, peinigende Angst verstehen? Sie ist eine Parallele zu den unerklärlichen Teufelsbesuchen. Zur gleichen Zeit, da Vianney von Angstzuständen förmlich erdrückt wurde, schrieb in Dänemark Sören Kierkegaard sein Buch „Der Begriff der Angst". Der einsame Däne durchbrach mit seinen Ausführungen das idealistische Systemdenken, das sich in geistvollen Spekulationen verlor, und stieß wieder zu dem urtümlichen Seinsproblem vor. Auch beim Pfarrer von Ars handelte es sich um Existenzprobleme elementarer Art. Wir haben die Angst allzusehr unterschätzt, indem wir sie als ein Zeichen der Schwäche bewerteten. Ein starker Mann hatte nach den Vorstellungen des 19. Jahrhunderts keine Angst. Dies ist falsch gedacht. Angst ist ein Urgefühl des Menschen; sie ist mit dem Dasein schlechthin gegeben. Bei Vianney war sie noch stark gesteigert durch die Furcht, verdammt zu sein. Die Angst mag zum ungünstigen Erbe des Jansenismus gehören, das bei ihm vorhanden war. Ob man seine Seelenpein nun als Restbestand der jansenistischen Frömmigkeit versteht oder nicht, das spielt keine so große Rolle. Wir müssen von der Tatsache Kenntnis nehmen, daß Vianney es mit der Angst zu tun hatte, einer Angst, die ihn an den Rand der Verzweiflung trieb. Hat nicht Christus davon gesprochen: „In der Welt habt ihr Angst"? Die Angst läßt sich vom Leben nicht ablösen; sie gewinnt besonders in den nächtlichen Stunden Gewalt über den Menschen und umklammert ihn mit ihrem eisernen Griff, so daß er keinen Ausweg mehr sieht. Ist die Angst eine seelische Krankheit? Eine Vorspiegelung des Teufels? Jedenfalls kann sie nicht ausgeklammert oder durch eine psychiatrische Analyse aufgelöst werden. Dazu ist sie zu tief im Menschen verwurzelt. Oft bringt sie ihn zum Zittern, und er weiß sich nicht vor ihr zu retten. Sogar Christus fühlte sie in der Nacht von Gethsemane, als er mit dem Willen Gottes rang, bis der Schweiß wie Blutstropfen zur Erde fiel. Ist sie deswegen geheiligt? Darf man von einer „begnadeten Angst" sprechen? Eine schwere Frage, auf die man nicht schnell eine Antwort geben darf.

All dies mutet höchst merkwürdig an. Vianney war ein Mensch, der angefochtene Menschen wunderbar zu trösten vermochte. Von einem solchen Priester meint man, er ruhe in sich und sei ausgeglichen. Dieses Bild entspricht aber der falschen Heiligenvorstellung, von der wir nicht loskommen. Der Heilige ist ein Mensch wie alle Menschen, und doch lebt etwas in ihm, das ganz anders ist. Er ist persönlich von einem höheren Lichtstrahl getroffen, im übrigen jedoch den gleichen Nöten und Kämpfen unterworfen wie die übrigen Menschen. Beim Pfarrer von Ars war das Unerträgliche der Angstzustände mit einer völligen Trostlosigkeit verbunden. Er, der so vielen Menschen Trost zu spenden vermochte, war selbst ohne Trost! Ist dies nicht ein unlösbares Paradox? Nicht so sehr, wie es scheint. Gerade weil er aus eigener Erfahrung um die Trostlosigkeit wußte, verstand er den Menschen in seiner tiefen Trostbedürftigkeit, und es war ihm, kraft seiner mystischen Verbundenheit mit dem eucharistischen Christus, möglich, seinen Beichtkindern einen wundersamen Trost zu spenden. Der Pfarrer von Ars vermittelte den andern Menschen den Frieden, den er selbst nur in den Stunden besaß, in denen er wußte:

„Er ist da". Vianney hatte die Gabe des Trostes empfangen, obwohl er selbst kaum einmal getröstet war. Dies erscheint im ersten Moment sonderbar, ist es jedoch nicht, denkt man an Paulus' Ausführungen: „Uns ist bange, aber wir verzagen nicht."[1] Vianneys seltene Trostfähigkeit ohne eigenen Trost bleibt ein nur ihm anvertrautes Geheimnis.

Da er sich während seines ganzen Lebens von dieser quälenden Sorge nicht zu befreien vermochte, kam er auf den Gedanken, ihr zu entfliehen und in einem Kloster sein armes Leben zu beweinen. Was wollte er damit sagen? Es klingt so anders, als wenn man von einem erfüllten und sinnvollen Leben spricht. Dies aber ist eine selbstrühmende Täuschung. Sind wir Menschen, vom Evangelium aus gesehen, nicht unnütze Knechte und haben keineswegs alles getan, was uns zu tun befohlen war? Weniger anspruchsvoll formuliert: Hat sich in unserem Dasein das ereignet, was wir in unserer Jugend erträumten? Sind wir über den Schlamm hinausgekommen? Ach, Vianney wußte, warum er vom armen Leben sprach und es sühnen wollte. Die aufgeworfenen Fragen sind nur mit Tränen zu beantworten.

Der Heilige versuchte mehrmals, Ars zu verlassen. Da am Tage sein Vorhaben bemerkt worden wäre, verlegte er seine Fluchtversuche in das Dunkel der Nacht. Nicht nur Nächte der Teufelsbesuche, sondern auch Nächte der Flucht erlebte er. In innerer Bedrängnis hastete Vianney davon. Das erste Mal stand er plötzlich auf der Landstraße still und fragte sich: „Ist es wirklich Gottes Wille, den ich jetzt erfülle?"[2] Dann rang er sich

zum Entschluß durch: „Ich will aushalten, bis ich zu-
sammenbreche" und trat den Rückweg an. Einige
Jahre später schlüpfte er durch eine Hintertür seines
Hauses hinaus. Dies wurde bemerkt, und sofort er-
klang die Sturmglocke. Eine gewaltige Aufregung ent-
stand im nächtlichen Dorf. Vianney lief schneller,
aber man setzte ihm nach, und er entzog sich seinen
Verfolgern auf einem Seitenweg. Es gelang ihm, den
Hof seines Bruders zu erreichen, wo er sich zunächst
verstecken wollte. Doch die Dorfbewohner von Ars
vermuteten ihn dort und holten den Entflohenen wieder zurück. Ein drittes Mal suchte er Zuflucht im Ka-
puzinerkloster von Lyon, das ihm jedoch die Aufnahme verweigerte. Auch erklärte ihm sein Bischof,
daß er das eigenmächtige Verlassen der Pfarrstelle
nicht dulden könne.

Die Fluchtversuche des Pfarrers von Ars muten, wie
so vieles in seinem Leben, höchst seltsam an. An Dra-
matik fehlte es in diesem Leben nicht. Er sah auch, wie
sehr er benötigt wurde und wie die Menschen ihn
brauchten. Können Vianneys nächtliche Fluchtpläne
mit der Flucht des Propheten Jonas verglichen werden?
Kaum, denn Jonas floh vor Gott, während Vianney
den Menschen entrinnen wollte. Lassen sich psycho-
logische Gründe geltend machen? Waren die Fluchtpläne durch seine Angst bedingt, die ihn zuweilen mit
aller Macht überfiel und beinahe eine geistige Verwirrung auslöste? All dies ist nicht ganz auszuschließen.
Jedenfalls deuten sie eindringlich auf die Angst und
Verzweiflung hin, die er zu bestehen hatte.

Der Hauptgrund liegt anderswo. Er ist den meisten

Menschen nicht ohne weiteres verständlich, weil sie sich in der entgegengesetzten Lage befinden. Der Mensch der Gegenwart leidet oft – namentlich in den Großstädten – unter der Isolierung. Er sehnt sich nach Kontakt, nach einem Gesprächspartner, nach Begegnungen und hofft dabei, seine Ichbefangenheit loszuwerden. Beim Pfarrer von Ars verhielt es sich gerade umgekehrt. In ihm erwachte angesichts des Massenandranges der Pilger die Sehnsucht nach der Einsamkeit, die er von Jugend an geliebt hatte. Er dachte an seine goldene Kindheit, da er seelenallein das Vieh hütete. Von einer stillen Verborgenheit konnte in seinem Pfarrdienst in Ars keine Rede mehr sein. Vom frühen Morgen bis zum späten Abend war er von Menschen geradezu belagert. Er sah sich von einer ihn unermüdlich bedrängenden Menschenmenge in Beschlag genommen, der er sich durch die Flucht zu entziehen trachtete. Ganz unbegreiflich ist der Wunsch nicht, jedenfalls hat er nichts mit Egoismus zu tun. Die Einsamkeit in der Natur ist eine Quelle stiller Freude, die durch keinen Massenaufmarsch ersetzt werden kann. Allein zu sein mit dem Alleinigen ist eine einzigartige Wohltat, die freilich in der heutigen Zeit nur wenige Menschen empfinden.

Die angstvolle Verzweiflung und der damit verbundene Fluchtgedanke waren Versuchungen. Jeder Mensch hat in seinem Leben mannigfache Versuchungen zu bestehen. Gewöhnlich sind es in jungen Jahren erotische Anfechtungen und nicht minder solche des Geldes und der Macht. Das harmloseste Ding der Welt kann einem Menschen zur Versuchung werden, sofern es Gewalt über ihn gewinnt und er ihm hörig wird. Es gibt überaus subtile, schwer durchschaubare Versuchungen. Für Vianney wurde die Sehnsucht nach Einsamkeit zur Versuchung; immer wieder trat sie an ihn heran und wurde in nächtlichen Stunden übermächtig. Schließlich vermochte er seinem Verlangen nach Einsamkeit nicht mehr zu widerstehen und stahl sich heimlich davon. Ist er der Versuchung erlegen? Zum Teil ja, warum sollte ein Heiliger nicht schwach werden? Aber der Allmächtige bewahrte ihn doch. Aufs ganze gesehen hat er die Versuchung überwunden.

Gott hatte ihn auf den Platz von Ars gestellt, und deswegen gelang ihm seine Flucht nicht. Die Einwohner des Dorfes vereitelten sie, umringten ihn und flehten ihn an: „Bleiben Sie doch bei uns!" In der ganzen Lebensgeschichte Vianneys gibt es vielleicht kein rührenderes Wort als diese Bitte der einfachen Bewohner von Ars. Es ist weder ein tiefsinniges noch ein grandioses Flehen, und doch greift diese Bitte ans Herz. Sie stellten diese Bitte nicht, weil mit Vianneys Anwesenheit eine Einnahmequelle verbunden gewesen wäre. Damals gab es noch keine lukrativen Hotels in Ars, wie sie gewöhnlich an Wallfahrtsorten anzutreffen sind. Die vielen Beichtbesucher brachten eher Unruhe in das kleine, stille Dorf.

Der sehnliche Wunsch der Leute von Ars: „Bleiben Sie doch bei uns" ist von tieferer Bedeutung: Die Gegenwart des Heiligen tat ihnen not. Keine Schwärmerei für eine vergangene Gestalt hilft den Menschen. Vergangenes kann nicht zurückgeholt werden. Es muß sich in eine geistige Gegenwart verwandeln. Heilige müssen anwesend sein, müssen sich mit den Christen verbinden – darauf kommt es an. Alles andere verbleibt im Unbestimmten. Deswegen hat die Bitte der Bauern von Ars den herzergreifenden Klang. Sie ist von einer Zartheit und einer Dringlichkeit, die an die Worte der beiden Jünger auf dem Weg nach Emmaus erinnert: „Bleibe bei uns, denn es will Abend werden."

Das letzte Zeichen

An sich ist ein Heiligenleben keine heitere Angelegenheit, doch ist es wiederum nicht so, daß jede humorvolle Note darin fehlte. Auch beim Pfarrer von Ars fehlte sie nicht. Er wußte schlagfertig zu antworten und erntete unwillkürlich ein leises Lachen. Das Humorvolle im Leben des Heiligen spielte sich jedoch dort ab, wo man es gar nicht erwarten würde.

Vianney wurden gegen Ende seines Lebens Ehrungen erwiesen. Ganz gewiß waren sie mehr als verdient. Aber, seltsam genug, es fehlte Vianney jeder Sinn für Ehrungen. Er verstand gar nicht, warum sie ihm zuteil wurden, und hielt beispielsweise seine Ernennung zum Kanonikus für völlig fehl am Platze. Er wünschte nicht gewürdigt, sondern gedemütigt zu werden. Als sein Bischof ihn zum Domherrn ernannte und ihm die dazugehörige Mozzetta brachte, wollte er sie nicht annehmen und meinte: „Geben Sie das meinem Vikar. Es steht ihm besser als mir!"[1] Er fand, das rotseidene Mäntelchen mit dem Hermelinbesatz passe nicht zu ihm. Erst als man ihm klarmachte, daß er durch seine Weigerung den Bischof beleidige, ergab er sich und schritt damit durch das Dorf, was für ihn einem Spießrutenlaufen gleichkam. Kaum war der Bischof abgereist, verkaufte er das schöne Mäntelchen um fünfzig Franken und verschenkte den Betrag an die Armen.

Der kirchlichen Ehrung folgte wenige Jahre später die weltliche Anerkennung. Der Unterpräfekt hatte dem ehemaligen Deserteur das Kreuz der Ehrenlegion zu verleihen.[2] Vianney versteckte es sofort in einer Schublade; niemand sah es zu seinen Lebzeiten. Tatsächlich wäre der Pfarrer von Ars mit einem auf der Brust baumelnden Orden eine Karikatur sondergleichen gewesen. Für solchen „Klimbim", wie er sich wörtlich ausdrückte, fehlte ihm der Sinn.

Obwohl Vianney keine Schonung kannte und seiner Gesundheit keine Beachtung schenkte, erreichte er ein Alter von über siebzig Jahren. Er setzte sich bis zuletzt für seine Arbeit ein. Sie war ihm noch mühseliger geworden, aber er klagte nie über Beschwerden. Erst in den letzten Wochen ließ er sich dazu überreden, etwas Milch mit Schokolade zu sich zu nehmen. Er versäumte seine Pflichten nicht, und nach einer Predigt brach er vor Erschöpfung ohnmächtig zusammen.

Ende Juli 1859 kam er ins Pfarrhaus und sagte: „Jetzt geht es nicht mehr." Er hatte seinen letzten Gang mit der Laterne getan. Vianney legte sich hin, und der rapide Verfall seiner Kräfte war nicht mehr aufzuhalten. Der Arzt wurde gerufen, doch Vianney sagte zu Katharina, das sei nicht mehr nötig, er besitze ohnehin kein Geld zur Bezahlung. Vianney gab sich keiner Illusion über seinen Zustand hin. Er verlangte nach der letzten Wegzehrung und verbrachte jene heißen Julitage schweigend auf seinem armseligen Lager. Von seiner Umgebung nahm er kaum Notiz.

Am Morgen des 4. August 1859 lag der dreiundsieb-zigjährige Mann schwer atmend auf seinem Bett. Das Bewußtsein hatte er verloren, die Agonie hatte begon-nen. Da brach ein heftiges Gewitter los, der Regen stürzte in Strömen vom Himmel herab, grelle Blitze zuckten und Donner krachten. Vianney hielt keine Kerze in der Hand, wie es frommer Sitte entsprach. Ebensowenig richtete er letzte Worte an die umstehen-den Personen. Ruhig lag der Pfarrer von Ars in heiliger Agonie da, und unter dem verhallenden Donner ent-floh die Seele ihrem Körper. Wie soll man das heftige Gewitter in seiner Sterbestunde deuten? Es ist das letzte Zeichen dafür, den angeblich unwissenden Mann nicht allzusehr zu verharmlosen. Ob die Zeitge-nossen das wortlose Sterben während eines heftigen Gewitters ein wenig begriffen haben? Vianney selbst hatte es zum voraus gedeutet: „Meine Brüder, Gott fegt die Welt rein."

Vianneys Leichnam wurde in der Kirche aufge-bahrt. Dem Manne, dem niemand bei seinem Einzug in Ars einen Willkommensgruß entboten hatte, erwie-sen unzählige Menschen die letzte Ehre. Unablässig zogen Gläubige, die den Heiligen noch einmal zu se-hen wünschten, an seinem Sarg vorüber. Der Bischof hielt ihm die Grabrede und sagte: „Selbst wenn man ihn nicht hörte, wenn man ihn nicht verstand – sein Anblick auf der Kanzel, nur sein Anblick allein war Predigt genug, ergreifende Predigt, die die Menschen verwandelte ... Ein Pfarrer von Ars wird nicht zu er-setzen sein. Ganz Frankreich hat einen Priester verlo-ren, der ihm Ehre gemacht hat und den man von allen

Seiten aus dem ganzen Lande aufsuchen und um Rat fragen kam."[3] Man begrub ihn zunächst in der Kirche, und später legte man den Leichnam in einen gläsernen Schrein und bedeckte das Antlitz des Toten mit einer Wachsmaske.

Bald nach Vianneys Tode setzten die Bemühungen zu seiner Seligsprechung ein. Am 8. Januar 1905 wurde er selig- und am 31. Mai 1925, vierzehn Tage nach der Kleinen Thérèse, heiliggesprochen. Schon Papst Pius XI. erhob ihn zum Patron der Pfarrer. Nehmen sie diese Bezeichnung ernst? Flüchten die Pfarrer zu ihm, wenn sie vor ernsten Schwierigkeiten stehen? Beschäftigen sie sich überhaupt mit ihm? Hier ist der Einwand zu hören, daß der Pfarrer von Ars kein Leitbild für die heutigen Priester mehr sein könne. Ja, wer kann es denn sein? Gewiß nicht die Anpasser, die alle Moden mitmachen! Kein Zweifel, der Pfarrer von Ars darf nicht nachgeäfft werden, aber er bleibt die verkörperte Mahnung: Priester zu sein und nicht Manager. Der Pfarrer von Ars zeigt unübersehbar deutlich, daß der Pfarrerberuf nicht ein Job wie jeder andere ist, wie schändlicherweise schon gesagt wurde. Vianney hat für alle Zeiten Größe und Verantwortung des Daseins eines Landpfarrers unmißverständlich dargetan. Auf ihn ist Reinhold Schneiders Wort anzuwenden: „Zuweilen gestaltet die Geschichte Bilder, die mit der Kraft von Sinnbildern über den Zeiten stehen bleiben."

Schluß:

Versuch einer Deutung

Das Rätsel Vianney türmt sich noch immer vor dem Leser auf. Nach dem Ablauf seines Lebens bedrängt er uns noch mehr. Er nimmt die Figur einer schwer zu entziffernden Hieroglyphe an. Äußerlich war sein Leben durch eine gewisse Monotonie gekennzeichnet. Jeden Tag das gleiche: der nächtliche Gang mit der Laterne vom Pfarrhaus in die Kirche, dann Gottesdienst und Beichthören, Besuch im „Vorsehungsheim" und bei den Kranken und dann wieder zurück ins Pfarrhaus. Jahrein und jahraus, ohne Erholung, ohne Abwechslung, ohne Ferien. Vianney war von Gott in den Griff genommen worden – es gab kein Entrinnen. Er hatte zu gehorchen, und er gehorchte selbst bis zur letzten Stunde. War er eine „extreme Existenz"? Jedenfalls lebte er an der Grenze des vernünftigen Daseins. Nun sollte sich uns das Geheimnis seiner Persönlichkeit erschließen. Es läßt sich nicht erzwingen, man muß schon ein Fünklein von der „Geduld der Heiligen" aufbringen, von der die Offenbarung des Johannes spricht[1], und warten, bis man versteht: Vianneys Besonderheit war, nach keiner Besonderheit zu streben.

Ist Vianney aus seiner Zeit zu erklären? Es war das

Zeitalter der Romantik und der Revolution, in das er hineingeboren wurde. Er selbst aber war alles andere, als ein romantischer oder revolutionärer Mensch, der für Mondscheinnächte oder für Freiheitsideale schwärmte. Zwar malte in seiner Zeit Delacroix seine Bilder und schrieben Stendhal, de Vigne, Balzac usw. ihre Romane. Von all dem nahm Vianney keine Notiz. Nicht einmal die Eisenbahn sah er sich an, die in seiner Nähe vorbeifuhr. Fortschritt und Technik lagen außerhalb seines Interesses. Zwar wurden damals noch keine allseitige Mechanisierung des Lebens, keine systematische Zerstörung der Landschaft und keine Sinnentleerung der Existenz betrieben. Es war eine bewegte Zeit in Frankreich, Königreiche entstanden und verschwanden wieder, und zwei Revolutionen wühlten die Menschen auf. Mit all diesen Geschehnissen befaßte sich der Pfarrer von Ars nicht; sie waren ihm fremd. Das neue Bürgertum mit seiner religiösen Gleichgültigkeit fand er bedenklich und erwartete von ihm nichts. Als zeitloser Mensch stand er außerhalb der Zeit und läßt sich auch nicht aus seinem Jahrhundert erklären.

Hilft uns sein Bild zu einem tieferen Verständnis seines Wesens? Kann man von den allzu biederen Bildern, auf denen er mit schön geordnetem Haar und freundlichem Blick in die Welt schaut, sagen: So sah er aus? Keineswegs. Vianney gestattete grundsätzlich nicht, daß man ihn photographierte. Er blieb hierin ganz konsequent und kam dem sogenannten Informationsbedürfnis der Menschen nicht einen Schritt entgegen. Heimlicherweise wurde er gezeichnet und modelliert; wenn er es aber bemerkte, legte er sein Veto ein. Man verkaufte diese Bildchen eifrig in Ars, und Vianney schritt gegen den Unfug nicht ein, weil er die betreffende Familie nicht um ihre Einnahme bringen wollte. Er nannte das ganze Tun einen „Karneval", freute sich aber doch über ein einziges Bild, von dem er sagte: „Sehen Sie, wie dumm ich da aussehe. Dumm wie eine Gans!" Die einzige authentische Photographie von ihm ist jene auf seinem Totenbett. Man nimmt das abgezehrte Antlitz des toten Vianney wahr, sieht es ohne jede Verschönerung. So und nicht anders sah er aus. Jedes Wort bleibt einem in der Kehle stecken.

Gewinnt man das richtige Verständnis, wenn man ihn aus seinem persönlichen Genius zu erklären sucht? Ach, was ist bei Vianney schon Geniales wahrzunehmen? Der Pfarrer von Ars ist nicht bei den „Großen der Weltgeschichte" einzuordnen. Gegen die Formulierung „Heilige und Helden" hätte er sich mit Händen und Füßen gewehrt. Der Kult um die großen Männer ist an sich falsch und endet bei näherer Durchleuchtung in einer Enttäuschung. Wer von Vianney nur ein wenig verstanden hat, weiß, daß man des Rätsels Lösung gar nicht in dieser Richtung suchen darf. Nicht einmal bei den weltlichen Leuten und schon gar nicht bei den Heiligen. Gewiß war Vianney bei aller Schlichtheit eine Ausnahme. Dessen muß man sich allezeit bewußt bleiben. Niemals darf man ihn nachahmen. Das ist bei einer Heiligengestalt ohnehin nicht am Platz, zumal dies immer nur mit einem kläglichen Mißerfolg endet. Schauen wir uns sein Leben genauer an, und fragen wir uns dabei stets: Was sagt er uns? Was können wir daraus entnehmen, und was übersteigt unsere Kräfte? Man darf sich von ihm inspirieren lassen, über ihn ernsthaft nachdenken, auch Impulse und Anweisungen empfangen. Trotz all diesen Überlegungen bleibt das Problem der Deutung.

Ob Zeit, ob Bilder, ob Genius – alles versagt. Vianney selbst gibt uns andere beachtenswerte Hinweise. Er unterschrieb seine Briefe stets mit „der arme Pfarrer". Dies war seine Selbstbezeichnung. Über sie gilt es zu reflektieren, und bei ihr muß man einsetzen, wenn man in sein Wesen eindringen will. Vianney war wirklich der arme Pfarrer von Ars, und zwar sowohl äußerlich als innerlich. Er war von unansehnlicher Gestalt und hatte nichts Imponierendes an sich. Als Pfarrer von Ars war er schlecht bezahlt, doch fühlte er sich wegen des geringen Einkommens nicht benachteiligt. Sein armseliges Leben war ihm gerade recht. Vianney liebte die Armut, als wäre er ein Franziskaner. Er trat auch dem Dritten Orden des Franziskus bei, postulierte zwar nie „die arme Kirche" – was oft ein bloßes Gerede bleibt –, aber verkörperte sie in seiner Person. Die Armen standen bei seinen Überlegungen im Vordergrund. Darum gab er ihnen, was er hatte. Es werden darüber geradezu köstliche Anekdoten überliefert: Vianney war fähig, hinter einem Gartenzaun seine neuen Hosen auszuziehen und sie mit denen eines Bettlers zu tauschen. Er war einer der wenigen Menschen des vergangenen Jahrhunderts, die das Mysterium der Armut verstanden haben. Der Gedanke, die Armut aus dieser Welt zu verbannen und ein Paradies auf Erden einzurichten, kam ihm nicht einmal im Traum in den Sinn. Das ist und bleibt immer eine Utopie, die nur dazu dient, falsche Hoffnungen in den Menschen zu wecken.

Es gibt neben der äußeren auch eine innere Armut. Von ihr redet Jesus in der Bergpredigt: „Selig sind die geistlich Armen".[2] Damit rückt man dem Wesen Vianneys näher. Man hatte sich während seines Studiums oft über seine Dummheit verwundert. Was jedoch den Intellektuellen als Unbegabtheit und Beschränktheit erschien und was sie mit all ihrer Klugheit nie zu begreifen vermochten, war, näher besehen, etwas ganz anderes: die Einfalt. Vianney besaß, was nach Jesu Worten Gott den Unmündigen geoffenbart hat.[3] Was die Einfalt ist, wissen wir nicht mehr. Deswegen belächeln wir sie hochmütig, wir eingebildeten Menschenkinder. Die Einfalt ist jenes Wesen, das der Mensch besaß, bevor er vom Baume der Erkenntnis gegessen hatte und dadurch zu wissen bekam, was gut und was böse ist. Der einfältige Mensch ist der Mensch vor dem Sündenfall, der Mensch, der in Übereinstimmung mit Gott lebt. Kein Schulunterricht ist imstande, davon auch nur eine Vorstellung zu vermitteln. Die Einfalt kann dem Menschen nur geschenkt werden. Hat er sie empfangen, ist ihm etwas vom Schönsten, das es gibt, zuteil geworden. Beim Pfarrer von Ars wird die Einfalt in seiner Herzensschau sichtbar. Sie steht in Verbindung mit der Ewigen Weisheit, die nach dem Alten Testament „die Werkmeisterin bei Gott" ist[4]. Sie ist das, was kein Auge gesehen und kein Ohr gehört hat, was aber Gott denen bereitet hat, die ihn lieben. Es ist unmöglich, die Einfalt in einem Bild festzuhalten; wer sich aber durch das Leben des Pfarrers von Ars hindurchtastet, vernimmt ihr sanftes Verschweben. Bei ihm faltet sich die Einfachheit auseinander, bis zuletzt alles ganz schlicht und durchsichtig wird.

Mit dieser äußeren und inneren Armut verkörpert Vianney den Heiligen in der Erniedrigung. In der heutigen Auffassung steckt seit dem Barock immer noch der Geist des Triumphalismus, während der Heilige selbst vom Gefühl der Unwürdigkeit durchdrungen war. Gerade bei Vianney war es bis zuletzt in ausgeprägtem Maße vorhanden. Er ist der Heilige in Knechtsgestalt, von dem man ebenfalls sagen könnte: „Er hatte weder Gestalt noch Schönheit, daß wir nach ihm geschaut, kein Ansehen, daß er uns gefallen hätte."[5] Denkt man an die Tätigkeit als Beichtvater und an das persönliche Angstgefühl des Pfarrers von Ars, ist man versucht, das Spottwort der Pharisäer zu wiederholen: „Anderen hat er geholfen, sich selbst kann er nicht helfen."[6] Wie es Darstellungen von „Christus im Elend" gibt, so verkörpert Vianney den Heiligen im Elend. Kein Heiliger schreitet im Siegesschritt durch die Welt, immer ist er ein geschlagener Mensch. Diese Bestimmung erfüllte sich buchstäblich an ihm. Alles spielte sich bei ihm ganz unten ab, fern von denen, die gern „in weichen Kleidern"[7] einhergehen. Bei Vianney sah alles armselig und dürftig aus; „er war der Heilige, der nicht weiß, daß er heilig ist". (Nodet)

Unter der Verhüllung war ein merkwürdiges Charisma verborgen. Die Menschen kamen nach Ars, weil

Vianney im Rufe der Heiligkeit stand und als Beichtvater eine Gnadengabe ohnegleichen an den Tag legte. Vianney war aber auch Amtsträger, der vom Generalvikar abgeordnete Pfarrer. Während sich oft Charismatiker gegen das institutionelle Amt auflehnen und umgekehrt die Amtsträger jene, die sich auf die Charismata berufen, als Schwärmer verdächtigen, war beim Pfarrer von Ars nichts von einer Spannung wahrzunehmen. Bei ihm standen Charisma und Amt in einer harmonischen Verbindung, das eine war nicht ohne das andere zu denken. Dies verlieh seinem Leben eine bewundernswerte Einheit. Man darf nicht trennen, was im tiefsten zusammengehört. Charismatiker, die in keiner Ordnung stehen, verflattern leicht, und Amtsträger ohne Charisma wirken bürokratisch, jedenfalls geht keine Strahlung von ihnen aus.

Mit dieser Einsicht hängt noch eine bedeutsame Erkenntnis zusammen. Im Jahre 1845 kam Jean-Baptiste-Henri Lacordaire inkognito nach Ars. Er war kein beliebiger Mann. Lacordaire war der Erneuerer des Dominikanerordens in Frankreich und der gefeierte Kanzelredner von Notre-Dame in Paris, der dank seiner glänzenden Rednergabe die Jugend und auch die Intellektuellen in seinen Bann zu ziehen verstand. Seine Sprache war pathetisch, und doch stand er mit einer kämpferischen Apologetik der Welt gegenüber. Als er sich in Ars befand, hörte er mit großer Aufmerksamkeit eine Predigt des vielgenannten Pfarrers von Ars und ging dann nicht stillschweigend des Weges. Der berühmte Dominikaner stellte sich vor, und der sich beschämt fühlende Vianney forderte ihn auf, am nächsten Tag die Kanzel von Ars zu besteigen. Lacordaire kam dem Wunsch nach und sprach zu der Gemeinde, in der Form seiner packenden Antithesen, wahrscheinlich über die Köpfe der einfachen Bauern hinweg. Es sind wohl nie zwei so verschiedene Predigten in der Kirche von Ars gehalten worden wie die von Vianney und Lacordaire. Später sagte Vianney in seiner Bescheidenheit: „Wissen Sie, was mich so sehr beim Besuche Lacordaires betroffen hat? Die Betrachtung, daß der größte Mann der Wissenschaft gekommen war, um sich vor der Unwissenheit selbst zu demütigen ... Die zwei größten Gegensätze standen sich gegenüber ..."[8] Lacordaire zeigte keine Eitelkeit. Als Mann des klugen Gespräches faßte er die Verschiedenheit in die kurzen Worte zusammen: „Es sind zwei Sprachen".[9] Damit hatte er das bedeutsame Problem beim Namen genannt; es ist nicht dieselbe Sprache – es gibt zwei Sprachen innerhalb der Kirche. Von der dritten, weitverbreiteten Sprache der religiösen Plauderei sehen wir bewußt ab, weil sie wertlos ist.

Die Sprache der Theologie, die Lacordaire bewußt gebrauchte, ist legitim. Ihre Berechtigung steht außer Diskussion, zumal sich ihrer schon die Kirchenväter bedienten. Für die Menschen, die sich denkend über ihren Glauben Rechenschaft zu geben versuchen, kommt die Sprache der Theologie in Frage. Sie ist gelehrt, interessant, manchmal auch tiefsinnig. Wer wollte dies bezweifeln? Wer die wissenschaftliche Laufbahn ergreifen will, muß sich unbedingt ihrer bedienen, sonst wird er nicht ernst genommen. Aber man muß auch ihre Grenzen sehen. Sie ist eine Fachsprache, die ihre eigene, mit Fremdwörtern durchsetzte Terminologie zur Voraussetzung hat, die dem Laien gewöhnlich nicht oder doch nur schwer zugänglich ist. Die Sprache der Theologie ist dem Intellekt verpflichtet, und darum eignet sie sich vorzüglich für endlose Diskussionen. Kaum hat je ein Theologe einen gegnerisch gesinnten Theologen zu überzeugen vermocht. Sie ist auch eine verklausulierte Sprache, im Stil oft unlesbar, und benutzt gerne die Dialektik, wobei der Nachsatz den Vordersatz aufhebt. Zuweilen artet sie in eine gelehrte Selbstgenügsamkeit aus, deren Werke nur die Regale der Bibliotheken füllen, weil sich niemand für sie ernsthaft interessiert.

Ganz anders ist die Sprache der Heiligen. Sie kommt vom Herzen und spricht zu den Herzen. Deswegen vermag sie auch in aller Schlichtheit die Menschen zu erschüttern und zur Umkehr zu bewegen. Sie hat die Eigenschaft, allen Menschen, ohne Unterschied der Herkunft, verständlich zu sein; man denke nur an Benedikts „Regel", an Thomas a Kempis „Nachfolge Christi" und an Bunyans „Pilgerreise". Die Christenheit hat einst davon gelebt, während sie heute darbt. An der Sprache der Heiligen gibt es nichts zu deuteln und zu rütteln. Sie hat die Eigentümlichkeit, studierte und unstudierte Menschen gleicherweise zu fesseln, wie dies auch der Sprache der Evangelien eigen ist. Auch sie stammt von Jüngern, die nach dem Urteil der Welt „ungelehrte Leute und Laien" waren [10]. Die Sprache der Heiligen besteht weniger in Worten als in Beispielen, Erlebnissen und Erfahrungen, sie ist, um es feierlich zu sagen, die Sprache der ewigen Kindheit und der Liebe. „Warum kennet ihr denn meine Sprache nicht?" fragt Christus im Johannesevangelium.[11] Über den Unterschied der beiden Sprachen gibt sich die Christenheit viel zuwenig Rechenschaft, und dabei ist er doch von grundsätzlicher Art. In der Gegenwart ist die Sprache der Heiligen verlorengegangen, und deswegen verhallen die gegenwärtigen Predigten größtenteils im leeren Raum. Es ist eine der wichtigsten Aufgaben, die Sprache der Heiligen wieder zu erlernen und zurückzugewinnen, weil sich in ihr die Verheißung des Markusevangeliums erfüllt: „Sie werden in neuen Zungen reden."[12]

Es ist eigenartig, je länger man in das Antlitz des Pfarrers von Ars schaut, desto mehr beschleicht einen ein ungewöhnliches Gefühl. Sein Gesicht wird furchtbar ernst, seine Worte wirken wie Stacheln in unserem Fleische. Vor dieser steil aufschießenden Stichflamme verflüchtigen sich die süßlichen Heiligenbildchen von selbst. Alle losen Bemerkungen von Übertreibung und Unnatürlichkeit verstummen. Dies sind Einwände einer bequemen, bürgerlichen Christlichkeit, die sich den Heiligen vom Leibe halten will. Wer die Gestalt des Pfarrers von Ars unverwandt anblickt, wird bei aller Rätselhaftigkeit zuletzt doch eine ganz große Freude empfinden und mit Ignatius von Loyola bekennen: „Gott aber ist es, den wir in allen Heiligen lieben und loben."[13]

Der Dienst der Armut

Von Heinrich Spaemann

Der Pfarrer von Ars war kein Theologe mit bestande-
nem Examen, er war nicht gebildet in der Weise wie
andere seines Standes. Seine Frömmigkeit und sein
Glaubenswissen verdankte er seinen Eltern, armen
Bauern, und dem Katechismus, seine Weisheit dem
Leben, sein Denken in Alternativen den Zeitumständen der Französischen Revolution mit ihrer
blutigen Religionsverfolgung. Bis zu seinem 17. Le-
bensjahr blieb er Analphabet; als er trotzdem noch
Priester werden wollte, war es für einen Einstieg und
Aufstieg in die Gefilde der Wissenschaft offenbar zu
spät, er lernte weder richtig Lateinisch noch Grie-
chisch. Daß er schließlich dennoch ordiniert wurde,
mit der anfänglichen Einschränkung, er dürfe nicht
beichthören, erwirkte ihm sein väterlicher Freund
und Mentor, der Pfarrer Balley. Als Vikar bei diesem
Mann erlebte er eine Zeit intensiven geistlichen Früh-
lings und der ersten Schulung für die Aufgaben eines
Pastors. Die kirchliche Behörde gab ihm dann eine
kleine, total verwahrloste Gemeinde. Seine künftige
Verantwortung für sie war die einzige Art von Gefälle
zwischen ihm und ihr. Eine Distanz zur Basis, wie sie
mit Stand, Rang, Fachwissen und Hochwürdigkeitsbe-

wußtsein unwillkürlich verbunden ist, gab es bei ihm nicht, darum auch nicht das Defizit der Betroffenheit von den Leiden und Freuden, den Problemen und der moralischen Misere der Menschen, für die er dazusein hatte. Er lebte *eine* Wirklichkeit mit ihnen; als er ihr Hirte wurde, waren sie bald ein Teil seiner selbst, jeder und jede von ihnen; sein eigenes Heil sah er abhängig von dem ihren. Wenn er betend vor Gott trat, oft Stunden in der Nacht noch am Altar kniete, dann immer zugleich für sie, sie waren in ihm gegenwärtig.

Anfangs, wenn er auf die Kanzel stieg, zunächst nur vor ein paar Leuten, meinte er in seiner Einfalt und in seinem Respekt vor Gedrucktem, die Predigtgedanken bestimmten Vorlagen entnehmen zu müssen; dabei ließ ihn aber sein armes Gedächtnis immer wieder im Stich. Bald fand er fürs Memorieren auch die Vorbereitungszeit nicht mehr. Dann aber, in dem Maße, wie er vertraut wurde mit den Lebensumständen der Menschen seiner Pfarrei und mit der Bedrohtheit ihres Heiles – sie gingen ihn ja an wie sein eigenes Auge –, ließ er einfach sein Herz zu ihnen sprechen. Seine Sprache wurde so mehr und mehr die einfache und unmittelbare des Evangeliums. Er lebte die Wirklichkeit, wie er sie sah, die offenbarte, wie er sie seit seiner Kindheit ungebrochen in sich trug, und die irdische der armen Menschen, von denen er nach seiner Überzeugung der ärmste war; das Licht der heiligen Wirklichkeit ließ ihn die sündige in ihrer Abgründigkeit erkennen. So kommen die Gegenpole Himmel oder Hölle wieder bei ihm vor, aber mehr noch die rettende Einladung der Frohbotschaft, ihre Weite und Milde und vor allem ihre bekehrende Macht, da sein eigenes Beispiel und Leben bezeugte, was er sagte.

In seinem leidenschaftlichen Einsatz für seine Gemeinde in Ars muß ein verborgenes Feuer gewesen sein, das über das Dorf hinaus suchende Menschen von weit her erreichte, so intensiv war es. Trotzdem bleibt es ein Geheimnis, wie nach und nach eine unabsehbare Schar von Leuten selbst aus anderen Ländern nach Ars kam, um ihn zu hören, bei ihm zu beichten, seinen Rat einzuholen. Er verweigerte sich keinem, er ließ sich aufreiben im Dienst an diesen allen, bis zur völligen Erschöpfung, an der er schließlich starb.

Den nachfolgenden Text über den „Dienst der Armut" schrieb ich nieder, bevor ich das Manuskript von Walter Nigg über Johannes Maria Vianney kannte. Als ich es las, ging mir auf, daß es einen Bogenschlag gibt zwischen den dreißig Nazaretjahren Jesu, seinem Verbleiben an der Basis als Geringer unter Geringen, als Zimmermannssohn, der daraus resultierenden Unmittelbarkeit der Bergpredigtsprache und dem Weg und Wirken des Pfarrers von Ars. Jesus besuchte kein Lehrhaus, er wurde kein Schriftgelehrter. Die Macht seines Wortes kam einzig aus der gelebten Wirklichkeit, der göttlichen wie ebenso der menschlichen, die er ohne jede Ausklammerung in sich verinnerlichte und vergegenwärtigte. So redet er wie „einer, der Vollmacht hat", nicht wie die Leute der Zunft. Fast 2000 Jahre später ersieht er sich einen armen Menschen, von dem Entsprechendes gilt, den Pfarrer von Ars.

*

„Selig, die bis ins Herz hinein arm sind" – eine Verdeutlichung, ja eine Auslegung dieses ersten Seligrufs des Neuen Testamentes verbirgt sich in Jesu Wort Mt 18, 3: „Wenn ihr euch nicht bekehrt und werdet wie die Kinder, werdet ihr nicht in das Himmelreich eingehen." Wie ein Kind sein, das heißt arm sein; Jesu eigenes Leben und Sterben verdeutlicht es. Jesus wurde nicht erst durch Bekehrung wie ein Kind, er war und blieb es alle Werdestufen seiner Erdenzeit hindurch. Was machte sein Kindsein aus? Innerlichkeit und Brüderlichkeit.

Er nahm die Welt wahr – die Schöpfung, den Menschen, uns: Und er nahm sie an, in sich hinein wie ein Kind, er verinnerlichte sie. Er ließ sie sich geben, vom Vater. Er lebte im Aufblick zum schenkenden Gott, im Vertrauen, daß dessen Vaterliebe alles gab und alles verantwortete, was ihm begegnete, Liebes oder Leides. Sein Dasein war wie das eines Kindes ein unverstelltes, unbefangenes, liebendes Mitsein mit der Familie Mensch und aller Kreatur. Gott beschenkte ihn mit der Schöpfung und durch sie, er beschenkte ihn mit seiner Mutter, seinem Volk, mit uns allen. Der Urliebe Gott sich verdankend, verstand er sein Leben als Antwortliebe. Im Maße seines Werdens und Reifens erfuhr er sich aber auch mitverantwortlich für unsere Welt, für alles, auch was in ihr Sünde und Schwäche war. Mit der Wehrlosigkeit des Kindes ließ er es geschehen, daß diese Sünde sich zunehmend gegen ihn selbst richtete, daß Aggression gegen ihn, den Reinen, Liebenden, sich schon in Nazaret verdichtete; denn diese Stadt wird ja die erste sein, die ihn zu ermorden

versucht, die einzige vor seiner Passion in Jerusalem
(Lk 4, 29).

*

Zum Armsein Jesu gehörte wesentlich auch, daß er
mit seinen einzigartigen geistigen und seelischen Gaben erstaunlicherweise dreißig Jahre in der Kleinstadt
Nazaret verbleibt, die Wirklichkeit der kleinen Leute
lebend, gering unter Geringen; ein Zimmermann gehörte zu den Menschen der sozial niederen Stufe, zu
denen an der „Basis". Er verinnerlichte in diesen drei
Jahrzehnten das Schöpfungs- und Menschheitsganze
in ihrer Schönheit, aber auch mit ihren Entstellungen
durch Sünde und Selbstsucht, er nahm sie in sein liebendes Menschsein mit uns Menschen auf.

Was ein Verinnerlichungsprozeß ist, verdeutlicht
der Satz am Ende der Weihnachtsgeschichte: „Maria
aber behielt alle diese Worte in ihrem Herzen und bewegte sie darin" – wörtlich: fügte sie in ihrem Herzen
zusammen. „Wort", die hebräische Vokabel dafür
heißt „dabar", das bedeutet zugleich Geschehen. Lukas hat gewiß beide Bedeutungen gemeint. Er will sagen: Maria behielt die Geschehnisse um die Mensch-
werdung und die Geburt Jesu als einen sie zuinnerst
bewegenden Vorgang. Jahre später hat sie dann geäu-
ßert, was sie zuvor verinnerlichte; zu diesem Verinnerlichungsprozeß gehörte, daß ihr mehr und mehr
der Zusammenhang der Einzelgeschehnisse aufging,
„sie fügte sie in ihrem Herzen zusammen", sagt Lukas.
Sie ließ Gott und sich die Zeit dafür. – Entsprechendes
gilt für Jesus selbst. Er hat durch dreißig Jahre hin-

durch die Welt, wie sie ihm in Nazaret begegnete, verinnerlicht; er behielt sie in seinem Herzen und bewegte sie darin, all die Gestalten und Vorkommnisse dieser schönen wie armseligen Welt einer kleinen Stadt, in der Menschen leben. Er nahm sie freilich anders in sich auf als irgendein Mensch sonst, aufgrund des Geheimnisses, das ihn das Wasserzeichen der Schöpfung, die Liebe des Schöpfers, erkennen ließ und sein Dasein zum liebenden Mitsein machte. Dreißig Jahre unmittelbare Betroffenheit von der Schönheit der Welt, von der Liebe seiner Mutter und den vielen, die ihm Liebe und Freude schenkten, aber auch von den Leiden, von der Armut seiner Mitmenschen, von ihren Schwächen und Sünden, ihren Engen und Ängsten – so wollte es die Liebe, mit der sein Leben identisch war. Die Wirklichkeit erlebte Jesus wirklicher als wir – durch eine liebende Offenheit, die nicht anders konnte, als sich mit denen zu identifizieren, die ihm vom Vater her begegneten. Wie in der Seele eines Kindes die Umwelt wohnt, so wohnte in ihm Nazaret, Galiläa, die Natur, die Schöpfung, wie er in ihr.

Das Staunen der Schriftgelehrten im Tempel über das Schriftverständnis und die Weisheit des Zwölfjährigen läßt den Gedanken zu, daß es in den folgenden Jünglings- und Mannesjahren an Angeboten und Aufforderungen zum Aufstieg, zur Karriere im Bereich eines entsprechenden Lehrhauses in Jerusalem nicht gefehlt hat. Aber er, der auf das Du des ewigen Vaters hin und von ihm her lebt, wartet geduldig auf dessen Ruf. Und der ergeht erst, als die Wirklichkeit Welt in seinem Werden vom Kind bis zum Mann in all seiner

Leibhaftigkeit durchverwirklicht ist und er sich nun in die Schar der Sünder eingereiht hat, die am Jordan die Bußtaufe begehren; denn das Mitsein gerade mit ihnen lebt er so selbstverständlich wie ein Kind das mit seiner Familie. Daraufhin dann das Zeichen seiner Sendung: die Epiphanie des geöffneten Himmels, die Taube, die Stimme „geliebter Sohn". Zu ihm hin ist dieses Wort gesagt, aber das bedeutet für ihn sofort: auch zu uns hin, denn wir leben ja in seinem Herzen, er hat uns dort verinnerlicht; das Ja des Vaters zu ihm als dem Sohn ist mit ihm zugleich auch uns gesagt; wir gehören ja zu ihm wie sein Auge, wie seine Hand.

Jesu Innerlichkeit ist keine rein religiöse, sondern ebenso eine weltliche, denn sie beruht wie auf dem Innesein Gottes so auf dem unbefangenen und unverstellten Innesein von Welt. Innerlichkeit ist für jeden Menschen vorgesehen, sie unterscheidet uns vom Tier, sie bedarf keiner Anstrengungen, im Gegenteil, man muß darauf bedacht sein, daß man sie nicht verhindert durch vorzeitiges oder unzeitiges Sich-äußern-Wollen in Rede oder Leistung.

Es war Jesus wichtiger, durch drei Jahrzehnte hindurch die Wirklichkeit Mensch an der Basis wahrzunehmen, sie in sich aufzunehmen, sie zu verinnerlichen, als vorzeitig über sie zu uns zu sprechen. Er verinnerlicht die Welt, bevor er den Mund auftut und die Frohbotschaft ausruft, bevor er ihr das Heil kündet in Tat und Wort.

Jesus kennt unsere Welt und uns Menschen nicht von außen und in bestimmten interessebedingten Ausschnitten wie Reiche oder Wissenschaftsbeflissene. Er ließ sich die Zeit, sie als Kind, als Knabe, als Jüngling, als Mann erst in ihrer ganzen Wirklichkeit wahrzunehmen und mitverwirklichen zu helfen, bevor er als Messias offenbar wurde.

Die meisten Menschen sind partiell blind, sie nehmen die wirkliche Wirklichkeit, wie sie sich ihnen von Gott her schenken möchte, nicht wahr, sie klammern einen Teil von ihr aus. Sie haben allzuviel eigene, von Eigenvorstellungen bestimmte Ziele, sie glauben nicht, daß Gottes Liebe uns zur vollen Verwirklichung unserer selbst führt und alles verantwortet, was uns zur wahren Lebenserfüllung auf dem Weg dorthin begegnet. Da sind immer wieder die ungläubigen Vorentscheidungen: Man will etwas Bestimmtes haben oder durchsetzen, das eigene Ich ist der Maßstab für Weltbegegnung und Verhalten. Man will „etwas vom Leben haben", man will Selbstverwirklichung und vertraut nicht, daß Gott allein, der uns schuf und kennt, uns ganz wirklich werden lassen kann und will, daß er ein viel wirklicheres, schöneres Leben für uns im Auge hat, als wir es uns selbst ausdenken. Wenn wir Wirklichkeit ausklammern, um uns selbst wirklich zu sein, dann werden wir auf die Dauer nur unwirklich bis zur Schattenhaftigkeit.

*

Von der Bergpredigt ab wird deutlich, worin die Vollmacht der Verkündigung Jesu gründet, wie sie Menschen verspüren: Alle seine Äußerungen kommen aus dem unbeirrt liebenden Mitleben mit uns Menschen und unserer Welt; sie haben darum wie die eines Kindes etwas ganz Unmittelbares, Selbstverständliches, völlig Unangestrengtes, sie sind das Verstehen unserer Welt und jedes einzelnen von uns mit seiner Eigenart und seinen guten Möglichkeiten, mit seinen Schwächen und mit seiner Armut. Jesus hat die Realität nie überspielt, die göttliche nicht und die menschliche nicht. Dieser eine Mensch mit uns Menschen läßt in seinem Mit- und Für-uns-Dasein niemanden und nichts aus. Darum spricht und handelt er für das Empfinden seiner Mitmenschen so anders, sind sein Wort und sein Tun Gott und unserer Wirklichkeit soviel näher als das der Schriftgelehrten und Pharisäer mit ihrem beständigen Tüfteln an Gesetzesbestimmungen und deren Auslegung. Jesus geht in seinem Tun und Lehren immer ganz einfach von der Welt aus, wie sie in Wahrheit ist und wie sie ihm als einem Armen unter Armen vom Vater her begegnet. Was am mosaischen Gesetz von Gott ist, hält er wie alle anderen, er wächst damit auf, und was darin nur Vorläufigkeit und Advent ist, entgrenzt er in der Einfalt des Kindes, die seine messianische Vollmacht mit ausmacht; denn der Vater will jetzt, daß alle Menschen, zuerst die seines Volkes Israel, durch ihn die grenzenlose Liebe ihres Schöpfers erfahren, so daß diese nunmehr als Antwortliebe auch das Gesetz ihres eigenen Lebens und Handelns werden kann.

Gemessen an der Weise, wie Jesus spricht, kommen einem viele, viele Worte der Menschen wie ungedeckte Schecks vor. Es ist so oft nichts dahinter bei dem, was einer sagt, es ist nur ein Weiterreden von übernommener Rede, von Zeitungsrede, Radiorede,

Buchrede, Nachbarsrede, ein Sich-Schmücken mit vielen fremden Federn aus Wissensstolz und Selbstdarstellungsdrang. So viele Worte sind leer von eigener Wirklichkeit. Man nimmt den Mund voll, damit es nicht herauskommt, daß man innen leer ist, vielleicht auch einfach aus Angst vor Leere. Einer täuscht den andern durch Gerede darüber hinweg, daß das Ende von allem Leere ist.

Jesus sagt, daß wir über jedes unnütze Wort gerichtet werden. Unnütze Worte, das sind all diese ungedeckten Schecks, die Worte ohne eigene Wirklichkeit des Redenden, die Worte auf der Flucht vor der Wirklichkeit, wie sie uns vom wirklichen Gott her begegnen will.

Wie einfach ist Jesu Wort! Wie klar und bestimmt und angstlos auch sein Tun! Beides kommt aus der realen Gegebenheit, aus der seinen und aus der uns allen gemeinsamen. Die uns allen gemeinsame ist die Erde, auf der wir leben, die Sonne, die uns scheint, die Luft, die wir atmen, die Zeit, die wir heute noch haben, das Leid, das uns bedrängt, der Tod, der auf uns wartet: die Familie Mensch, in der wir Brüder und Schwestern sind. Und wirklicher als all diese geschaffene Wirklichkeit ist ihr Urgrund Gott. Das Wort, das Jesus spricht, kommt zugleich aus dieser unerschaffenen Wirklichkeit. „Das Wort, das ihr hört, stammt nicht von mir, sondern vom Vater, der mich gesandt hat" (Joh 14,24).

Der Arme versteht am ehesten, was Jesus sagt, weil Jesus selbst arm und darum sein Wort so arm und einfach ist, der armen Erde, auf der alles wächst, die Durst erfährt und auf Regen wartet, so liebend und mitleidend nahe; der Reiche versteht es nicht so leicht, weil ihm so viel von dieser Wirklichkeit fremd ist, weil er sich selbst entwirklicht hat, um für sich und seinen Clan allein wirklich zu sein. Aber jeder kann in Jesu Wort die Wirklichkeit wiederentdecken, die ihn selber angeht, richtend angeht oder rettend, beides. Wer sich aber Jesu Wort angehen läßt, den rettet es.

Ich schlage ein theologisches Werk auf. Wie schwierig sind diese Gedankengänge und Satzbildungen, gemessen an denen Jesu. Nur ein gescheiter und geschulter Kopf kann ihnen folgen. Stehen nicht auch sie am Ende unter dem Gericht des unnützen Wortes? Aber vielleicht sind sie gerechtfertigt als ein angestrengtes Bohren nach der verlorenen Wirklichkeit, wie sie ein seilchenspringendes Kind oder ein einfacher Landarbeiter noch lebt. Vielleicht sind sie auch ein Suchen des Kopfes, der diesen Folianten schrieb, nach seinem ihm verlorengegangenen Leib mit dem fröhlich schlagenden Herzen. Darum haben sicher auch sie noch ihren Sinn und ihr Recht, viele Gebildete brauchen vorerst diese Art Sprache, es sind gewiß nicht völlig unnütze Worte, ihren Stellenwert in der Wertskala der Frohbotschaft weiß Gott, aber es könnte sein, daß er geringer ist als der eines einzigen Gebetes oder eines guten Wortes, durch das ein Armer einen Armen tröstet, mit dem er sein Brot teilt.

*

Erstwichtig ist für ein dienendes Leben und Wirken in der Nachfolge Jesu, daß wir die Wirklichkeit, von der wir reden oder an deren Veränderung zum Besseren wir beteiligt werden, in liebendem Herzen tragen, „verinnerlichen".

Erstwichtig ist, wer wir sind, daß wir mit denen, für die wir dasein dürfen, „wie die Kinder" sind. Was nützen einem Erfolge über Erfolge, mögen sie auch sozial oder karitativ oder als Verkündigungsdienst gemeint sein, wenn wir nur Fachleute oder Routiniers sind und am Ende selber leer und ausgehöhlt! Wessen eigener Innenraum für Gott verfiel, der kann anderen nicht helfen, daß Gott in ihnen Raum gewinne.

Im Markusevangelium gibt es die Schweigegebote Jesu, denen gegeben, die er heilt. Der Geheilte soll keine Sensation aus der Sache machen, weder aus dem wunderbaren Geschehen noch aus sich selbst, noch aus Jesus; anders erlangt er nur äußere Heilung, nicht das Heil. Sein innerer Mensch muß erst erreicht werden von Jesu Heilstat, mehr noch: von Jesu Wesen und Antlitz. Es muß ihm aufgehen und eingehen, wer und wie Jesus ist, nicht nur, was er vermag: Erst dann hat ihn Gott berührt, das neue Leben dringt in ihn ein, das Heil geschieht. Dazu aber soll er still werden, sich durch das Geschehen drängen lassen, in sich zu gehen, dorthin, wo Gott auf ihn wartet, in jenen Innenbereich hinein, an dessen Tür Gott klopfte, als Jesus ihn heilte. Dieses Klopfen hört der Geheilte nicht, wenn er gleich Lärm macht und alles wieder nach draußen bringt. Die vorzeitige Äußerung und Veräußerung kann bedeuten, daß alles für ihn vergeblich geschah.

Wir leben in einer Welt, die ständig dabei ist, alles in ihr Geschehende so bald und so effektiv wie nur möglich zu veräußern. Die vielen Medien heute wollen uns weismachen, darin stecke dann etwas wie Lebenssinn. So gewöhnen auch Christen sich unwillkürlich daran, jede Betroffenheit etwa von einer erschütternden Nachricht, einer herrlichen Landschaft, einem Wort der Weisheit, einer bestimmten Begegnung alsbald in eine Äußerung umzusetzen, in eine rasche Mitteilung an andere, ein Album, ein Diapositiv oder einen sonstigen Effekt. Vielleicht meint man, es gehe einem doch nur um eine menschlichere oder erfreulichere Welt, wenn man Kommunikation auf jede Weise nur steigert, mit immer neuen Weisen der Äußerung. Aber menschlicher und erfreulicher wird die Welt nicht vor allem dadurch, daß man Neues in sie hineinträgt und an sie hinredet. Menschlicher wird sie durch Menschen, die menschlicher sind, weil sie innerlich und darum wirklicher Mensch sind. Durch ihr schlichtes brüderliches, schwesterliches Dasein und Sosein helfen sie anderen, nicht zu vergessen oder neu zu ahnen, daß es jenseits der entsetzlichen Verödungslandschaft, als die man eine reine Konsum- und Leistungsgesellschaft letztendlich erfährt, eine Wirklichkeit gibt, mit der und auf die hin zu leben es sich dennoch lohnt.

Wenn Menschen ohne Innerlichkeit vielleicht hundertmal mehr äußern, als sie selber in sich haben und ihr Herz weiß, dann sind innerliche Menschen ohne viel Reden brüderlich, weil sie sich den andern wirklich angehen lassen; sie teilen eher die Armut des Armen, als daß sie ihr von außen beikommen könnten; sie leiden sein Leid mit, sie sind ihm nahe, wenn er krank ist, sie haben Verständnis für seine Schwächen. Ihre Gefährtenschaft ist es, die die Lage des andern von innen her zu verwandeln beginnt auf eine Hoffnung hin, die der Innerliche und Brüderliche in seinem Dasein schon ist.

Worte des Pfarrers von Ars

Der alte Mensch

„Adam" geht es immer zu gut.

Manche Menschen scheinen dem lieben Gott zu sagen: Ich will dir zwei Worte sagen – um dich dann los zu sein.

Mein Herr, wenn es um Gott geht, haben Sie etwas Schweres, Gelangweiltes, Ermüdetes an sich – das sind die Sünden, an denen Sie hängen.

Nach auf der Kanzel vollbrachter Tat:
Ich habe eben kostbare Asche hergestellt. Ich habe einen Fünfhundert-Francs-Schein verbrannt. Oh, das ist weniger arg, als wenn ich eine läßliche Sünde begangen hätte.

Wir verschieben unsere Bekehrung wieder und wieder bis zum Sterben, aber wer sagt uns, daß wir dann noch Zeit und Kraft dazu haben?

Diese zimperlichen Christen wollen nichts ertragen.

Wenn einer verlorengeht, so in der Regel nicht auf einmal, er verdammt sich kleinweise, nach und nach versinkt er im Schlamm seiner Sünden.

Der neue Mensch

Glauben

Wie sehr könnte doch ein Mensch durchdrungen sein von seinem Glück, wenn er den Glauben hätte – aber einen lebendigen Glauben!

Nicht glauben – das bedeutet entweder vermessentlich hoffen oder verzweifeln.

Ein Christ, der Glauben hat, stirbt an Liebe.

Es bedeutet so viel Glück, in diesem Leben Gott zu lieben und zu dienen, daß es genügen würde, selbst wenn es kein Paradies im anderen Leben gäbe.

Gott wird nicht zulassen, daß man den Glauben verliert, wenn man sich um den Glauben der anderen müht und sorgt.

Gott erkennen, lieben, ihm dienen – alles, was wir sonst tun, ist verlorene Zeit.

Gott lieben: ihn gegenwärtig sein lassen in allem, was wir lieben.

Wenn man im Zustand der Trostlosigkeit ist, dient man Gott einzig um Gottes willen. Im Zustand des Trostes ist man versucht, ihm wegen der eigenen Befriedigung zu dienen.

Beten

Der liebe Gott liebt es, belästigt zu werden.

Wer wenig betet, gleicht den Hühnern, die große Flügel haben und mit ihnen nichts Rechtes anfangen können. Wer innig und ausdauernd betet, wird einer Schwalbe ähnlich, die sich vom Winde tragen läßt.

Wenn man betet, muß man Gott sein Herz eröffnen wie der Fisch, wenn er die Welle kommen sieht.

Ich glaube, daß der Herr die Apostel umarmte, als er zu ihnen sprach: Friede euch!

Mensch, du bist ein Armer, der Gott um alles bitten muß.

Wenn du ihn wirklich um die Bekehrung bitten würdest, sie würde dir geschenkt.

Das Privatgebet: ein brennender Strohhalm; das der Gemeinschaft: eine mächtige Flamme.

Wenn Sie bei einem Sterbenden sind, beten Sie laut, er hört Sie, auch wenn er bewußtlos zu sein scheint.

Kommunion

Sagt nicht, daß ihr zuviel Armseligkeit in euch tragt. Ebenso könntet ihr sagen, ihr wäret zu krank, um Arznei zu nehmen.

Nicht kommunizieren: wie wenn jemand neben einer Quelle verdurstet. Und doch brauchte er nur den Kopf zu neigen.

Gott als Brot: Wenn wir eine Gnade von unserem Herrn zu erbitten gehabt hätten, wir wären nie darauf gekommen, ihn um diese zu bitten.

Wenn Gott etwas noch Kostbareres hätte, würde er es uns geben.

Nicht unsere Würdigkeit, unsere Bedürftigkeit hatte er vor Augen, als er dieses Sakrament der Liebe einsetzte.

Nichts lesen, wenn man vom Tisch des Herrn kommt! Er spricht. Mach es wie einer, der neugierig ist und das Ohr an die Tür legt, um zu horchen.

Dein ganzes Leben sollte immer wieder Vorbereitung auf diese Stunde sein.

Wort Gottes

Es ist ganz ausgeschlossen, Gott zu lieben und ihm zu gefallen, ohne von seinem göttlichen Wort genährt zu werden.

Wer das Wort Gottes mit dem echten Willen, danach zu handeln, anhört, ist Gott wohlgefälliger, als wer ohne diesen Willen kommuniziert.

Welchen Wert mißt unser Herr dem Worte Gottes bei! Der Frau, die ruft: Selig die Brust, die dich genährt, und der Leib, der dich getragen hat, antwortet er: Viel mehr noch sind selig, die das Wort Gottes hören und befolgen!

Die ersten Sendungsworte unseres Herrn an seine Apostel waren: Gehet hin und lehret!

Beichte

Gott weiß alles. Im voraus weiß er, daß ihr, nachdem ihr gebeichtet habt, wieder sündigen werdet. Dennoch verzeiht er. Er geht so weit, absichtlich die Zukunft zu vergessen, um uns zu verzeihen.

Die verziehenen Sünden existieren nicht mehr, sie sind getilgt, aber all dein Gutes und was du je Gutes getan hast, lebt neu auf.

Nach einem Fall *gleich* wieder aufstehen! Die Sünde nicht einen Augenblick im Herzen lassen!

Beichtest du auch nicht in den Wind?

Ich bin viel strafbarer als ihr: Scheut euch nicht, euch anzuklagen.

Kreuz

Was braucht man, um in den Himmel zu kommen? Die Gnade und das Kreuz.

Wenn wir acht Tage im Himmel verbringen könnten, verstünden wir den Wert des Erdenmoments des Leidens. Wir fänden kein Kreuz zu schwer, keine Prüfung bitter genug.

Auf dem Weg des Kreuzes ist nur der erste Schritt schwer.

Alles ist gut, wenn wir unser Kreuz gut tragen.

Wir sollten dem Kreuz nachlaufen, wie der Geizige dem Geld nachläuft.

Die weder Kämpfe noch Leiden auf dieser Welt zu bestehen haben, sind wie tote faule Gewässer. Aber die ihre Leiden, ihre Schmerzen und Kämpfe ertragen, gleichen reißenden Wassern, die an Schönheit gewinnen, wenn sie über Felsen fließen und als Wasserfälle herabstürzen.

In der Stunde des Todes werden Sie sehen, daß Sie durch diese Krankheit mehr Seelen gerettet haben als durch alle begeisterten Werke, die Sie als Gesunder wirken würden.

Man soll nie schauen, woher die Kreuze kommen: Sie kommen vom lieben Gott. Es ist immer Gott, der uns die Möglichkeit gibt, ihm unsere Liebe zu beweisen.

Gießt man in eine Essigsauce viel Öl, bleibt Essig wohl immer Essig, aber das Öl lindert die Bitterkeit, man spürt sie fast nicht mehr: So ist das, wenn man sein Leiden von Gott annimmt.

Sein Kreuz lieben: Das ist, wie wenn man ein Bündel Dornen ins Feuer wirft, es wird zu Asche. Die Dornen sind hart, aber die Asche ist weich.

Seien wir auch geduldig mit uns selbst.

Jeden Tag heißt es neu beginnen – immer der gleiche Widerwille.

Nicht die uns loben, sondern die uns demütigen, sind unsere Freunde.

Herzensreinheit

Wenn das Herz rein ist, kann es nicht anders als lieben; denn es hat zur Quelle der Liebe gefunden: zu Gott.

Welche Macht über sich schenkt Gott einer reinen Seele! Nicht sie erfüllt den Willen Gottes, sondern Gott erfüllt den ihren.

Eine reine Seele ist in der Nähe Gottes wie ein Kind in der Nähe der Mutter.

Eine reine Seele: verborgen wie eine Perle in einer Muschel am Meeresgrund; eines Tages wird ihre Schönheit aufstrahlen – in der Sonne der Ewigkeit.

Wenn man ganz gesund ist, nimmt man den guten Geruch und Geschmack von Früchten und den feinen Duft von Blumen wahr: So liebt und verkostet ein Mensch auch die köstlichen Gaben Gottes, wenn seine Seele rein ist. Gott schmeckt uns nicht, weil wir nicht rein sind.

Man soll nicht über sich selbst sprechen, weder gut noch schlecht.

Wahre Liebe kennt keine Vorliebe.

Liebet eure Feinde mehr als eure Freunde. Achtet auf den guten Ruf eurer Feinde.

Mühe zählt nicht in meinen Augen. Aber anderen möchte ich sie nicht machen.

Gott wird euch zur Verantwortung ziehen für alle guten Werke, die ihr hättet tun sollen und durch euer Versagen nicht getan habt.

Die Verleugnung Jesu geschieht bei den meisten Menschen nicht durch Worte, sondern dadurch, daß sie nicht tun, was er sagt.

Worte können wohl den Verstand überzeugen, Beispiele aber reißen hin.

Nur der erste Schritt ist schwer auf dem Weg zur Entsagung. Wenn man ihn einmal betreten hat, geht es von selbst. Und wenn man entsagen kann, kann man alles.

Wie ein Schwamm kein klares Wasser aufnimmt, wenn er nicht trocken und rein ist, so ist es mit dem Herzen, das nicht frei und losgelöst ist von den Dingen der Erde, sondern an ihnen klebt: Wenn man es noch so ins Gebet taucht, es nimmt zuinnerst nichts auf.

Es ist besser, auf einem harten Bett zu schlafen, dann wird das Aufstehen weniger schwer.

Mein Geheimnis ist sehr einfach: alles weiterschenken, nichts für sich behalten.

Letzte Dinge

Über uns und nicht über die anderen werden wir Rechenschaft ablegen müssen.

In welche Richtung wir auf Erden gelebt haben, dahin werden wir im Tode kommen.

Gute Christen sterben nicht, sie gehen täglich einen Schritt weiter ins Paradies.

Unsere Leiber werden die Erde verlassen wie die Wäsche die Lauge.

Die Erde ist eine Brücke, die über ein Wasser führt; sie dient nur dazu, unseren Füßen Halt zu geben.

Das Kreuz ist eine Brücke übers Wasser. Haue nicht ein Stück von der Brücke ab, sie könnte nicht bis hinüber reichen, und du stürztest ins Leere.

Gott ist das Element, in dem wir leben müssen. Wenn wir uns daraus entfernen, sind wir unglücklich.

Mit nur irdischen Augen sieht man nur dieses irdische Leben; so wie einer nur die Außenmauer des Gotteshauses sieht und die geschlossene Tür. Mit den Augen des Glaubens sieht man hinein in die Tiefen der Ewigkeit.

Das Wort „immer" wird das Glück der Auserwählten sein (immer in der Liebe, immer in der Freude), das Wort „niemals" das Unglück der Verdammten.

Wenn man stirbt, ist man vielleicht wie ein rostiges Schwert, das man erst ins Feuer werfen muß.

Im Himmel werden uns Tröstungen und Wonnen nicht Tropfen für Tropfen geschenkt, sondern sie fließen uns zu wie reißende Ströme.

Wir werden im Duft der Liebe Gottes baden wie die Bienen im Duft der Blüten. Für immer wird dieser Duft an uns haften.

Nicht alle Heiligen haben die gleiche Art von Heiligkeit. Es gibt solche, die hätten nie mit anderen Heiligen leben können. Nicht alle haben den gleichen Weg. Aber alle kommen bei Gott an.

Die Predigt der Heiligen besteht im Beispiel.

Maria

Nachdem Jesus Christus uns alles gegeben hat, was er uns geben konnte, wollte er uns noch zu Erben seines kostbarsten Schatzes einsetzen: der allerseligsten Jungfrau.

Die Prüfungen haben keine Macht über den, dessen Herz sie (Maria) liebt. Sie lieben ist ein Zeichen der Auserwählung.

Nachweise zu W. Nigg, „Der Pfarrer von Ars"

Das Rätsel
[1] Daniel Pézeril: Der arme Pfarrer von Ars, 1961, S. 7.
[2] Ernst Thrasolt: Der Pfarrer von Ars in: Hch. Mohr: Menschen und Heilige, 1930, S. 153.
[3] Ida Friederike Görres: Zwischen den Zeiten, 1960, S. 447.
[4] Ibid., S. 234.
[5] Pred 7,29.
[6] Ida Friederike Görres: Zwischen den Zeiten, 1960, S. 384.

Hintergrund einer Kindheit
[1] Francis Trochu: Der heilige Pfarrer von Ars, 1929, S. 24.
[2] Ernst Thrasolt: Der Pfarrer von Ars in: Hch. Mohr: Menschen und Heilige, 1930, S. 156.
[3] Daniel Pézeril: Der arme Pfarrer von Ars, 1961, S. 29.

Studien-Erlebnisse eines Unbegabten
[1] Francis Trochu: Der heilige Pfarrer von Ars, 1929, S. 74.

Ein verwahrlostes Dorf
[1] Franics Trochu: Der heilige Pfarrer von Ars, 1929, S. 87.
[2] Jean de Fabrègues: J.-M. Vianney – der Zeuge von Ars, 1957, S. 92.
[3] Francis Trochu: Der heilige Pfarrer von Ars, 1929, S. 92.
[4] Georg Bernanos: Die tote Gemeinde, 1958, S. 194.
[5] Francis Trochu: Der heilige Pfarrer von Ars, 1929, S. 100.

Stellvertretendes Tun
[1] Georg Bernanos: Die Sonne Satans, 1927, S. 343.
[2] Julien Green: Jugend, 1980, S. 18.
[3] Phil 4,4.
[4] Francis Trochu: Der heilige Pfarrer von Ars, 1929, S. 100.
[5] Bernard Nodet: Jean-Marie Vianney, o. J., S. 21.
[6] Mt 17,20.
[7] Julien Green: La bouteille à la mer, 1976, S. 96.

Aufbau einer Gemeinde
[1] Daniel Pézeril: Der arme Pfarrer von Ars, 1961, S. 84.
[2] 1 Mos 18,32.
[3] Bernard Nodet: Jean-Marie Vianney, o. J., S. 43.
[4] Francis Trochu: Der heilige Pfarrer von Ars, 1929, S. 187.

[5] Joseph Vianey: Johannes Baptista Vianney, Pfarrer von Ars, 1908, S. 183.

[6] Daniel Pézeril: Der arme Pfarrer von Ars, 1961, S. 206.

[7] Joseph Vianey: Johannes Baptista Vianney, Pfarrer von Ars, 1908, S. 184.

[8] Ibid., S. 35.

[9] Francis Trochu: Der heilige Pfarrer von Ars, 1929, S. 281.

Knien Sie nieder

[1] Francis Trochu: Der heilige Pfarrer von Ars, 1929, S. 265.

[2] Michel de Saint-Pierre: Der Pfarrer von Ars, 1975, S. 177.

[3] Daniel Pézeril: Der arme Pfarrer von Ars, 1961, S. 66.

[4] Ibid., S. 189.

[5] Ibid., S. 172.

[6] Ibid., S. 244.

Trübe Erfahrungen

[1] Francis Trochu: Der heilige Pfarrer von Ars, 1929, S. 244.

[2] Joseph Vianey: Johannes Baptista Vianney, Pfarrer von Ars, 1908, S. 186.

[3] Jean de Fabrègues: J.-M. Vianney – der Zeuge von Ars, 1957, S. 153.

[4] Francis Trochu: Der heilige Pfarrer von Ars, 1929, S. 247.

[5] Daniel Pézeril: Der arme Pfarrer von Ars, 1961, S. 213.

Das Geheimnis um Philomena

[1] Vgl. Lexikon für Theologie und Kirche, 2. Aufl., 8. Band, S. 469.

[2] Jean de Fabrègues: J.-M. Vianney – der Zeuge von Ars, 1957, S. 249.

Vom Teufel besucht

[1] Francis Trochu: Der heilige Pfarrer von Ars, 1929, S. 211.

[2] Ibid., S. 210.

Nächtliche Gedanken

[1] 2 Kor 4,8.

[2] Francis Trochu: Der heilige Pfarrer von Ars, 1929, S. 315.

Das letzte Zeichen

[1] Francis Trochu: Der heilige Pfarrer von Ars, 1929, S. 351.

[2] Ibid., S. 353.

[3] Michel de Saint-Pierre: Der Pfarrer von Ars, 1975, S. 250, und Louis Christiani: Der heilige Pfarrer von Ars,[5]1975, S. 175.

Versuch einer Deutung

[1] Off Joh, 13,10.

[2] Mt 5,3.

[3] Mt 11,25.

[4] Spr Sal 8,24.

[5] Jes 53,2.

[6] Mt 27,42.

[7] Lk 7,25.

[8] Bleibtreu: Lacordaires Leben und Wirken, 1873, S. 175.

[9] Ibid., S. 175.

[10] Acta 4,12.

[11] Joh 8,43.

[12] Mk 16,17.

[13] Ignatius von Loyola: Geistliche Briefe, ed. Otto Karrer und Hugo Rahner, 1942, S. 64.